KB267770

한국인의 신나이 활동의 필요성

한국인의 신나이 활동의 필요성

초판 1쇄 인쇄 2013년 05월 30일
초판 1쇄 발행 2013년 06월 03일

지은이 공 백 균
펴낸이 손 형 국
펴낸곳 (주)북랩
출판등록 2004. 12. 1(제2012-000051호)
주소 153-786 서울시 금천구 가산디지털 1로 168,
우림라이온스밸리 B동 B113, 114호
홈페이지 www.book.co.kr
전화번호 (02)2026-5777
팩스 (02)2026-5747

ISBN 978-89-98666-79-8   03200

이 도서의 국립중앙도서관 출판시도서목록(CIP)은 서지정보유통지원시스템 홈페이지(http://seoji.nl.go.kr)와
국가자료공동목록시스템(http://www.nl.go.kr/kolisnet)에서 이용하실 수 있습니다.
(CIP제어번호 : 2013008000)

CONVER SATION

한국인의 신나이 활동의 필요성

공백균 지음

WITH GOD

book Lab

차
례

한국인의 신나이 활동의 필요성

운동에너지로 영구기관 만드는 방법

한국인의
신나이 활동의
필요성

01

성경 상의 나팔 이해 문제에서
알아두어야 하는 기초사항

한국에는 세상을 바꾸어 줄 것을 요구하는 하늘로부터의 메시지와 가르침이 1973년부터 2009년까지 여섯 번에 걸쳐 주어졌다는 사실을 알 필요가 있다.

한국에 주어진 메시지의 종류는 많지만, (『센트럴 선 메시지』, 『신과 나눈 이야기』, 『유란시아서』, 『밀레니엄 바이블』 등등) 주어진 메시지 와 가르침 모두가 세상을 바꾸어 줄 것을 요구하는 것은 아니었으며, 요구하는 것이 별도로 존재했다는 사실을 알 필요가 있는 것이다.

요구 성 메시지가 바로 격암유록 상으로 보면 비화락지飛火落地 (불같이 날아서 땅으로 떨어지는)하는 소두무족小頭無足인 것이고, 정감록 상으로 보면 나를 죽이는 자로서의 소두무족인 것이며, 성경 상으로 보면 화를 불러오고, 세상을 절단 내며, 사람을 죽이는 나팔인 것이다.

이와 같이 격암유록과 정감록은 성경 상에서 나팔로 표현되는 부분을 소두무족으로 표현한 것으로 알 필요가 있는데, 격암유록은 소두무족에 대해 궁궁을을 피난국 수시대변ㅋㅋ乙乙避亂國 隨時大變 -진리로 피난할 수 있는 나라의 형태는 수시로 크게 변한다- 피지차지조 불리지彼枝此枝鳥 不離枝-하지만 저런 가지 이런 가지의 새(짹짹이=말=나팔)는 떨어질 수 없는 가지다-로 표현되어 있는 바와 같이 격암유록에 의한다면 하늘로부터 주어지는 메시지와 가르침은 여러 가지 다른 형태로 주어진다는 것을 알 수 있으며, 다른 형태이지만 그 내용은 연줄연줄 연결되는 형태를 가진다는 것을 알 수 있는 것이다.

그런데 성경 상의 나팔은 일곱 나팔이므로 소두무족을 성경 상의 나팔로 본다면 여러 가지 다른 형태로 주어지는 메시지와 가르침은 일곱 가지라는 것을 말할 수 있다.

이렇게 일곱 가지라고 하는 한정된 수의 의미는 하늘로부터 주어지는 메시지와 가르침이 무한정 계속 된다는 것이 아니며, 따라서 시작이 있으면 끝이 있는 가운데, 일곱 가지의 전혀 달라 보이는 메시지와 가르침은 처음에 주어진 것과 통하는 면모를 보여야 한다는 것을 말할 수 있는 것이다.

가르침이라는 자체는 목적과 대상을 요구하는 문제이므로 가르침을 통한 목적을 이루는 데에서, 가르침을 받는 대상에 대한 여러 상황이 고려되지 않은 형태의 가르침이라면 목적을 이루기 위한 기능의 가르침은 아닌 것으로 판단할 일이다.

가르침이라는 자체는 깨어라 성 요구이고, 깨어라 성 요구는 미개 상태를 바꾸는 것을 목적으로 한다고 할 때, 성경 상의 나팔이란 하늘로부터 주어지는 가르침 형태의 깨어라 성 말이 되는 것이며, 세상을 바꾸라는 요구가 되는 것이다. 세상을 바꾸라는 요구이지 깨어난 것으로 만족하라는 것이 아님을 주지할 사항이다.

나팔에 대한 위와 같은 파악의 의미는

1. 세상 변혁을 꾀하는 데에서의 과정이 첫 번째부터 일곱 번째라는 순서가 매겨질 수 있는 가르침이 아니면 성경 상의 나팔로 인정될 수 없다는 것이며, (즉 세상을 바꾸라는 요구 형태의 기능을 가진 가르침으로 인정될 수 없다는 것, 세상을 바꾸라는 요구라는 기능을 이하 성경 상의 나팔로 칭한다.)

2. 같은 가르침이라도 변혁 과정의 순서가 맞지 않는 지역이라면 그 지역에서는 주어진 가르침이 깨어남의 기능을 가지는 것으로 만족할 뿐, 세상을 바꾸어줄 것을 요구하는 성경 상의 나팔로는 기능하지 않는다는 것이며, (사람들에게 있는 문제가 되는 사고방식으로부터 비롯되는 사회 전반적인 문제점 해결 문제에서 첫 나팔을 기준으로 나팔의 순서적 연관성을 제시할 수 없는 지역이라면 그 지역에 주어지는 말은 깨어라 성 소리는 될 수 있어도 그 지역의 세상을 절단 내는 성경 상의 나팔로서의 의미는 부여되지 않는다는 것이다. 이를테면 하늘로부터 주어지는 말로 신과 나눈 이야기 시리즈가 있다고 할 때, 이것이 몇 번째 나팔이며 무슨 문제를 해결하라는 소리라는 것을 지적할 수 없는 지역은 같은 신과 나눈 이야기라고 하더라도 깨어라 성 소리일 뿐, 그 지역의 종교계를 절단 내는 나팔로서의 의미는 없다는 것이다. 이렇게 성경 상의 나팔은 나팔의 의미가 적용되는 지역이 별도로 존재한다는 사실은 적용 대상이 되는 지역에 사는 사람들에게는 심각성을 부여하는 문제가 된다는 사실을 생각할 필요가 있는데 문제의 심각성은 다음과 같이 말할 수 있다. 나팔이 나팔의 의미를 가지는 지역에 살고 있는 사람에게 불어진 나팔은 삶과 죽음의 분기점이라는 의미를 가진다는 점이다. 가르침을 주는 하늘로부터의 말이 성경 상의 나팔

이었다는 것을 눈치 챈 사람은 삶의 길로 들어서는 것이지만, 기존 종교계의 밥줄을 끊는 고약한 소리로 인식되는 사람은 죽음의 길로 들어선다는 의미를 가진다는 점이다.)

3. 먼저 주어졌던 것과 전혀 달라 보이는 모양을 보이는 것이 아니면 즉 특정 종교 단체의 한 가지 소리는 성경 상의 나팔로 기능할 수 없다는 것이며,

4. 먼저 주어졌던 것과 연결되는 것이 아니면, 즉 독자적인 것이면(『유란시아서』,『밀레니엄 바이블』,『선계이야기』같은 독립적인 정보) 가르침은 될지 몰라도 성경 상의 나팔로는 기능하지 않는다는 것이며, (나팔로 기능해야 주어진 가르침이 제 기능을 발휘하는 것이라고 할 때, 제 기능을 발휘하지 못하는 정보는 쓸모없는 정보로 취급되어야 한다는 의미다. 극단적으로 말하면 적 그리스도적인 존재로부터의 혼란 조장용 역정보 취급해야 한다는 것이다. 나팔이란 혁명을 요구하는 가르침이므로 혁명 요구 문제에서 고도로 전문화 된 지식을 제공할 필요가 없다는 것이며, 따라서 목적에 맞는 수준의 정보만 주어지리라는 것은 당연한 것이라고 할 때, 쓸데없는 광범위한 지식의 제공은 혼란 야기용으로 여길 필요가 있다는 것이다.)

5. 변혁 과정이 일곱 번이라는 한계가 있어야 함에도 계속 주어지는 가르침은 나팔로 기능하는 데에서 이미 벗어났다는 것이며, 주어지는 가르침의 요구가 변혁의 실행이 아니라 깨어남이 빙자된 의존이라면(『유란시아서』,『밀레니엄 바이블』등의 내용이 그러하다) 이 역시 적 그리스도적인 존재로부터의 혼란 조장용 역정보로 취급해야 한다는 것이다.

그리고 가르침을 통한 세상 변혁이라는 목적을 이루고자 하는 데에서,

6. 가르침을 받는 대상이 지적되지 않은 형태의 가르침은 변혁을 요구할 대상이 없다는 것이므로 성경 상의 나팔로는 기능하지 않는다는 것

이며, 따라서 가르침을 받는 대상 지적은 꼭 있어야 하는 문제임이 인식될 문제라면

7. 가르침을 받는 대상으로 지적된 원인이 설명될 수 없는 가르침은 성경 상의 나팔로 기능할 수 없다는 것이며,

8. 가르침을 받는 대상이 길어봐야 70~80년의 짧은 수명의 존재라면 짧은 수명에 맞추어진 가르침이 아니라면 성경 상의 나팔로 기능할 수 없다는 것이며, (즉 늙어 죽은 자에게 세상을 바꾸어 줄 것을 요구할 수는 없다는 얘기다. 주어진 가르침이 나팔로 기능하는 기간은 가르침을 받은 자의 수명 내라는 한시적이다. 가르침을 받은 자가 가르침을 받고도 세상 변혁을 실행에 옮기지 않는다면 그것으로 가르침은 무위로 돌아가고 다른 방법의 변혁의 길로 간다는 것이다. 나팔이 나팔의 의미를 가지는 시간은 가르침을 받는 인간의 수명 내, 그것도 한 세대의 실질적인 활동 기간인 40년 내외라고 하는 짧은 기간이 될 수밖에 없다는 사실은 일곱 번의 나팔은 가르침을 받은 자의 실질적인 사회활동 가능 기간인 40년 내외에 다 불어진다는 사실이다. 40년 내외에 불어지는 나팔의 요체는 깨어라가 아니라 깬 것에 따르는 행동의 요구라는 점에 대한 이해만 있다면 지식을 주는 말이 아니라고 하더라도 행동을 요구하는 말이면 나팔의 의미를 가지는 것이라고 할 수 있다.)

가르침을 받는 대상 지적이라는 문제는 대상이 살고 있는 지역이 전 세계가 아닌 이상 한정된 지역일 수밖에 없으므로

9. 주어진 가르침이 성경 상의 나팔로 기능하는 지역은 국지적이라는 것. (나팔이란 문제시 되는 점들을 바꾸어 나갈 것에 대한 요구이기 때문에 이 기능이 효과를 보려면 작은 규모의 모델을 필요로 한다는 점이 나팔이 국지성을 띄어야 하는 이유가 되는 것이다. 그러나 아무리 국지성을 띄어야 한다 하더라도 한 국가 단위는 되어야

한다는 점이 나팔을 인식하는 중요한 점이다.

특정 종교 단체 같은 극히 작은 부분에 주어지는 말이 아니라 한 나라 국민 모두가 들을 수 있는 말이어야 사람들을 상대로 세상을 바꾸어줄 것을 요구했다는 나팔의 기능이 성립할 수 있는 것이다.)

10. 그리고 나팔을 대하는 문제에서 또 한 가지 인식해야 하는 사항은 우리의 세상은 물질계인 만큼 나팔이 불어지는 방법은 물질계 존재를 통해서일 수밖에 없다는 사실이다.

천사가 나팔 불 때마다 물질계 나팔수가 선택된다는 얘기다.

여기서 몇 번째에 해당되는 나팔이라는 것에 대한 인식은 마지막 나팔수일 수밖에 없다는 점이 이해될 필요가 있다.

앞의 여섯 번에 해당하는 나팔수들은 자신에게 주어지는 말이 나팔에 해당되는 말이라는 것은 본인도 모른다는 얘기다.

나팔에 해당되는 말이 주어졌다는 점에 대한 판단은 말을 다 받은 후, 성경과의 대조에서 판단될 수 있는 문제이지, 받는 과정에 판단될 문제가 아니라는 점에 대한 이해가 있다면 앞의 여섯 나팔수는 나팔수임을 의식하지 못한다는 점은 이해 될 문제로 말할 수 있다.

이상의 사항을 성경 상의 나팔을 이해하는 기초로 해야 한다는 것을 말할 수 있다.

02

첫 나팔부터
여섯째 나팔까지의 형태

깨어라 성 소리로서 주어진 영성계 서적은 많지만 성경 상의 나팔의 순서에 부합되는 서적은 6종류에 국한한다. 나머지 서적은 연결된 모양을 보이지 않음으로서 격암유록의 피지차지조 불리지彼枝此枝鳥 不離枝- 저런 가지 이런 가지 새는 떨어질 수 없는 가지다- 부분과 대치된다.

한국에 대중적으로 주어진 연줄연줄 연결된 형태의 가르침은 어떠한 것이 있었는가를 알아보도록 하자.

첫째 나팔

성경의 첫 나팔은 다음과 같다.

첫째 천사가 나팔을 부니 피 섞인 우박과 불이 나서 땅에 쏟아지매 땅의 삼분의 일이 타서 사위고 수목의 삼분의 일도 타서 사위고 각종 푸른 풀도 타서 사위더라.

성경 상의 나팔은 대중적으로 주어진 깨어라 성 정보이며, 세상을 바꾸라는 요구라고 할 때, 이와 같은 첫 나팔에 부합되는 깨어라 성 정보, 세상을 바꾸라는 요구는 안동민 선생에게 내려진 하늘이 내리신 말씀이다.

하늘이 내리신 말씀

한국인이여 들어라!

너희는 지난 5천 년 동안 오직 시달림만 받는 가운데 인고의 세월을 보냈으니 너희는 말세末世에 먼저 나의 축복을 받으리라!

너희 나라는 천 년 전에 김유신이 타 민족의 힘을 빌어서 제 민족의 피를 흘려 통일을 이루었으니 이는 나의 사랑의 원리를 어긴 짓이었느니라.

그 업보로 너희는 천 년 후에 타 민족의 힘에 의하여 다시 갈리어졌으니 이는 곧 너희 나라가 선악善惡의 대결장이 되었음을 말함이니라.

그러나 6.25 사변으로 너희는 그 속죄를 치렀느니라.

세계가 멸망할 것을 너희 민족이 입는 화로 대신을 하였으니 너희는 세계를 위하여 스스로 십자가를 지은 것이니라.

이제 앞으로 너희 나라에는 많은 의로운 사람들이 나리니 이는 옛 의인義人이 부활되었음이라.

나는 너희 나라에 일곱 기둥을 세우려 하니 많은 의로운 사람들 가운데 일곱 기둥이 누구인지 차차 밝혀지리라.

또한 이 일곱 기둥은 서로 쌍을 이루리니 그 관계는 네가 필름과 포지 필름과 같으니라.

네가는 영계靈界를 대표하는 기둥이며 포지는 물질계物質界 및 現象界를 대표하는 기둥이니 영계靈界를 근본으로 보면 물질계는 그림자요, 물질계를 근본으로 보면 영계靈界는 그림자이니라. 그런고로 네가인 일곱 기둥은 소리 없이 뒤에 숨어서 포지인 일곱 기둥이 타락하지 않고 그들의 소임을 다하도록 도와야 하느니라. 또한 나는 누가 네가이며 포지인지를 밝힐 수 있는 능력을 지닌 자를 보낼 것이니 그가 누구인지 너희는 곧 알게 될 것이며 그의 본질은 너희 나라에 첫 번째 하늘나라가 이루어질 때 자연히 밝혀지리라.

너희 나라에 장차 나타날 일곱 기둥은 과거세過去世에 각기 다른 시대와 민족의 일원으로 활약한 자들 가운데 뽑히어 너희 나라에 태어날 것이니 이는 인간은 나의 분령체分靈體이며 내 앞에는 민족의 차별이 없고 모두 한 형제임을 밝히기 위함이니라.

한국이라 함은 한 나라라 함이니 내 앞에 한 나라를 이룬다는 뜻이며, 하늘나라가 너희 나라에서부터 이루어지며 구세주란 세상의주인인 나를 진심으로 구하는 자라는 뜻이니 나를 진심으로 구해마지 않는 자에게는 나의 힘이 주어지리니 이 세상에 구세주가 가득 차는 날 지상천국地上天國이 이루어지리라.

지상 천국이 이루어지면 하늘나라에서도 같이 하늘 천국이 이루어지리니 지상에서 풀면 하늘에서도 풀리며 지상에서 맺으면 하늘에서도 맺어지리라.

또한 너희 나라 아닌 곳에서 나머지 다섯 쌍의 의인義人들의 무리가 나리니 때가 오면 너희가 서로 알게 되어 열두 개의 기둥이 되어 그 기둥 위에 지상천국地上天國이 이루어지리라.

의인義人들의 수효는 모두 합하여 14만 4천 명이니 너희가 힘써 서로 찾아 합한즉 너희 모두에게 하늘의 축복이 나려지리라.   (1973. 2.8)

시간이 흘러감에 따라 한국인들에게 주어지는 깨어라 성 정보는 형태를 달리하지만 한국인들에게 대중적으로 주어진 깨어라 성 정보는 위의 말씀이 처음이다.

성경 상의 의미로 땅이란 교회를 말하고 바다란 세상을 의미한다. 그리고 수목과 풀이란 교회 구성원을 의미한다.

여기서 피 섞인 우박과 불이 땅에 떨어졌다 함은 한국전쟁이 세상을 구하기 위한 대리전쟁이었다는 이 말씀이 교회에까지 흘러들어갔다는 것이며, 땅의 삼분의 일이 타서 사위었다는 것은 이 말씀이 교회에 충격을 주었다는 것이다.

수목의 삼분의 일도 타서 사위고 각종 푸른 풀도 타서 사위었다는 것은 교회 구성원들이 교회를 떠나게 되는 등, 이 말씀을 놓고 교회 구성원 간에 분란이 일었다는 것이다.

기존 교계의 교리는 예수를 구세주로 하는 체제였고 14만 4천명은 교회 목회자가 길러내는 인물이라는 체제였는데 위의 말씀은 구세주란 예수 같은 한명의 존재가 아니라 진심으로 나를 구하는 자라는 말과, 14만 4천명은 목회자가 길러내는 인물이 아니라는 점 등은 교회의 권위와 목회자의 권위를 실추시키는 일이 되는 것으로서 이 말씀의 수용은 곧 교회 문을 닫는 일을 의미했다. 이렇게 하늘이 내리신 말씀은 한국 교계의 근간을 흔들어 놓는 것으로서 한국 교계의 존재 필요성 자체를 부정하는 재앙이었던 것이다.

한국 교계는 당연히 이 말씀을 거부한다. 이상한 존재의 헛소리 정도로 치부한다.

　한국 교계의 이러한 행위는 진리로 여겨지는 길을 외면하는 행위였고 따라서 죽음으로 가는 길을 택한 행위였다. 이러한 행위에도 불구하고 하늘은 계속해서 깨어라 성 말을 내려주는데 다음에 주어지는 말이 어떤 것인가는 차츰 알아보도록 하고 일단 이 말씀의 의미를 새겨보도록 하자.

　안동민 선생에게 내려진 하늘이 내리신 말씀은 1973년에 세상의 변혁이 시작되었음을 알리는 말씀이다. 한국인이여 들어라! 라는 서두로 시작하듯이 한국인이라는 특정대상을 대상으로 하는 말씀이다.

　「다른 나라 사람은 들어도 필요 없다」, 「한국인이 듣는 것이 중요하다」라는 의미가 들어있는 부분이 느낌표까지 붙어있는 한국인이여 들어라! 라는 서두인 것이고, 실제 내용도 외국인의 입장에서 본다면 한국에서부터 하늘나라가 이루어진다면 한국이라는 나라를 깨부수든가 할 일이라는 생각을 하기에 충분한 내용이다.

　이렇게 외국 사람이라면 시기심을 유발하기에 충분한 상태로 앞으로 한국을 중심으로 해서 세상이 변화되는 심상치 않은 일이 벌어질 것이니까 이 말을 듣는 한국인이라면 세상 변혁에 대비하라는 것으로 해석되는 메시지다.

　그러나 6.25 사변으로 너희는 그 속죄를 치렀느니라.

　세계가 멸망할 것을 너희 민족이 입는 화로 대신을 하였으니 너희는 세계를 위하여 스스로 십자가를 지은 것이니라.

　이 대목에서 말할 수 있는 것은 한국이 선택된 이유가 제시되어 있다는 점이다. 다른 나라 사람들은 세계가 멸망할 짓만 골라하고 있었는데 세계

가 멸망할 것을 한국 민족이 피를 흘리는 것으로 대신한 모습을 보였기 때
문에 천국 화 모델로 선택된 것이라는 선택의 이유가 제시돼어 있다는 점
이다

**이제 앞으로 너희 나라에는 많은 의로운 사람들이 나리니 이는 옛 의인義人이 부
활되었음이라.**

**나는 너희 나라에 일곱 기둥을 세우려 하니 많은 의로운 사람들 가운데 일곱 기
둥이 누구인지 차차 밝혀지리라.**

위와 같이 말해지는 대목은 세계가 멸망할 것을 대신한 한민족韓民族의
집단적 희생의 대가인 것이고 그 대가의 결과가

너희 나라에 첫 번째 하늘나라가 이루어질 때 자연히 밝혀지리라

하늘나라가 너희 나라에서부터 이루어지며

상태인 것으로 묘사되어 있는 바에 따르면 세상 변혁의 완성은 한국에서
부터 보게 된다는 것이다.

그런데 위의 말씀을 접하는 데에서 이해하기 힘든 부분이 있다

**지상 천국이 이루어지면 하늘나라에서도 같이 하늘 천국이 이루어지리니 지상
에서 풀면 하늘에서도 풀리며 지상에서 맺으면 하늘에서도 맺어지리라.** 하는 부
분이다.

왜 먼저 지상천국이 이루어져야 나중에 하늘천국이 이루어지느냐 하는
통상적인 상식에 위배되는 모양을 본다는 점이다.

당연히 하늘이 천국이라는 사고방식 하에서는 먼저 지상천국이 이루어
져야 하늘천국이 나중에 이루어진다는 점은 이해가 힘든 부분이다.

이 부분은 뒤에 네 번째 나팔을 접하는 데에서 이해되는 부분이므로 네

번째 나팔을 언급하는 대목에서 답을 찾도록 하고, 첫 나팔은 한국인이라는 특정 대상에게

구세주란 세상의 주인인 나를 진심으로 구하는 자라는 뜻이니 나를 진심으로 구해마지 않는 자에게는 나의 힘이 주어지리니 이 세상에 구세주가 가득 차는 날 지상 천국이 이루어지리라와 같은 1973년도 당시의 구세주 관을 뒤엎는 모양을 보였던 것이다.

구세주는 예수라는 단일 체제에서 다수의 사람이 하나님으로부터 힘을 받음으로써 구세주화 하는 체제는 이해가 힘든 체제였는데 이 문제에 대한 답은 뒤에 주어지는 다섯 번째 나팔에서 답이 구해진다. 어떤 것이 다섯 번째 나팔인가는 뒤에 보도록 하고.

둘째 나팔

성경 상의 나팔은 대리전쟁을 통하여 세계가 멸망할 것을 대신한 대가로 선택된 한국인들이라는 특정 대상에게 대중적으로 주어지는 깨어라 성 정보이며, 세상을 바꾸라는 요구라고 할 때, 앞에 주어진 것과는 모양을 달리하는 깨어라 성 정보, 세상을 바꾸라는 요구로 둘째 나팔이 있었다. 두 번째 형태의 대중을 상대로 하는 하늘로부터의 가르침이 있었던 것이다.

성경의 두 번째 나팔은 다음과 같이 불어지고 있다.

둘째 천사가 나팔을 부니 불붙는 큰 산과 같은 것이 바다에 던지우매 바다의 삼분의 일이 피가 되고 바다 가운데 생명을 가진 피조물의 삼분의 일이 죽고 배들의 삼분의 일이 깨지더라.

성경 상으로 바다란 세상을 의미한다.

불붙는 큰 산과 같은 것이 바다에 던져졌다 함은 세상에 불붙는 큰 산과 같은 것이 세상에 던져졌다는 것이다. (세상이라고 해봐야 한국 사회이지만)

바다의 삼분의 일이 피가 되었다 함은 세상 일반 사람들의 삼분의 일이 생명을 얻는 길로 가게 되었다는 것이고, 바다 가운데 생명을 가진 피조물의 삼분의 일이 죽었다 함은 세상에 던져진 불붙는 큰 산과 같은 것의 영향으로 세상 일반 사람들의 삼분의 일이 잘못된 길로 갔다는 것이고, 배들의 삼분의 일이 깨지더라 함은 배의 의미를 세상 사람이 모이는 단체라 할 때, 세상에 던져진 불붙는 큰 산과 같은 것의 영향으로 단체가 깨졌다는 것이다.

그러면 세상 사람들이 피가 되기도 하고, 잘못된 길로 가서 죽기도 하고 단체가 깨지게도 한 세상에 던져진 불붙는 큰 산과 같은 것이란 무엇을 의미하는 것이었을까?

불붙는 큰 산과 같은 것으로 세상에 던져진 것은 바로 1980년대 초에 주어진 정신 수양법이었다.

안동민 선생에게 내려진 하늘이 내리신 말씀을 통하여 한국 종교계의 근간을 뿌리째 흔든 다음 선택된 한국인들에게 대중적으로 주어진 깨어라 성 정보는 권태훈 선생에 의한 정신수양법이었던 것이다.

1980년대에 정신세계사가 주도해서 소개한 〈단〉 류의 정신 수양법은 당시 한국 사회에 큰 이슈였고, 별천지에 대한 소개였다. 전혀 몰랐던 세계가 대중 앞에 갑자기 등장한 것이었던 것이다. 세상에 소개된 정신 수양법에 영향을 받은 많은 사람들이 있었던 것이고, 필자도 그 영향을 받은 사람임은 물론이다.

정신 수양법으로 인해 세상을 달리 보는 안목을 키워간 부지기수의 사람이 있었고, 정신 수양법의 영향으로 비로소 우주로 눈을 돌릴 안목을 키울 수 있었던 것이다.

이렇게 선택된 한국 사람들에게 우주로 눈을 돌릴 안목을 키울 수 있게 한 다음 곧바로 이어서 대중적으로 주어진 깨어라 성 정보는 외계로부터의 통신이었다.

한국 사람들을 상대로 하는 대중적으로 주어진 새로운 형태의 가르침은 지구는 결코 외로운 행성이 아니며, 외계의 존재와의 교류를 시도하라였던 것이다.

셋째 나팔

성경 상의 셋째 나팔은 다음과 같이 불어진다.

셋째 천사가 나팔을 부니 횃불 같이 타는 큰 별이 하늘에서 떨어져 강들의 삼분의 일과 여러 물 샘에 떨어지니 이 별의 이름은 쑥이라. 물들의 삼분의 일이 쑥이 되매 그 물들이 쓰게 됨에 인하여 많은 사람이 죽더라.

횃불같이 타는 큰 별이 하늘에서 떨어져 강들의 삼분의 일과 여러 물 샘에 떨어졌다 함은 대원출판사가 주도한 『미래를 밝히는 외계 문명 시리즈』가 지식의 강, 지식의 샘물 형태의 지식을 공급하는 여러 단체에 소개되었음을 의미한다.

이 별의 이름을 쑥이라 함은 당시 교육기관들의 의식 수준이 외계문명 같은 소리는 받아들일 수 없는 쓴 소리였다는 것이다.

별의 명칭이 쑥이 아니라 사람들이 이르기를 쑥이라 했다는 것이다. 당시 수준으로 그럴 만도 한 것이 내부로부터의 방문자 같은 서적은 겉표지를 보는 것만으로도 마귀와의 접촉으로 여겨져 질겁하고 도망가는 소위 독실한 기독교 신자들이 한두 명이었는가.

예수 천국 불신 지옥을 외치는 귀찮은 자들을 기피하는 효과적인 방법이 내부로부터의 방문자 겉표지를 보이는 방법이었다는 것은 당시 사람들의 의식수준에 대한 반증이다.

물들의 삼분의 일이 쑥이 되매 그 물들이 쓰게 됨에 인하여 많은 사람이 죽더라 함은 외계문명 시리즈 류의 정보를 쑥 처리 했다는 것이며 쑥 처리함에 따라 많은 사람들이 외계 문명 정보를 외면하게 되었다는 것이다.

당시 한국의 사회 상황은 정신수양법의 영향으로 종교계 수입이 가뜩이나 줄어든 판에 외계 문명 시리즈 같은 정보 등장은 외로운 지구를 설파하는 것으로 밥 먹고 살던 자들의 밥줄이 떨어져 나가도록하는 악재였던 까닭에 종교계, 교육계의 기득권 세력이 앞장서서 사람들이 깨어나도록 하는 것을 막아왔던 것이다.

이러한 자들에게 복이 돌아갈 리 만무한 것이고, 따라서 다음에 불어지는 나팔부터는 화가 등장한다.

넷째 나팔

성경 상의 네 번째 나팔은 다음과 같이 불어진다.

넷째 천사가 나팔을 부니 해 삼분의 일과 달 삼분의 일과 별들의 삼분의 일들이 침을 받아 그 삼분의 일이 어두워지니 낮 삼분의 일은 비침이 없고 밤도 그러하더라. 내가 또 보고 들으니 공중에 날아가는 독수리가 큰 소리로 이르되 땅에 거하는 자들에게 화, 화, 화가 있으리로다 이 외에도 세 천사의 불 나팔 소리를 인함이로다.

해 삼분의 일과 달 삼분의 일과 별들의 삼분의 일이 침을 받아 라 함은 침을 받는 해, 달, 별이 존재한다는 것이며, 침을 받는 해, 달, 별이란 해, 달, 별을 자처하던 외계의 존재를 의미한다. 침을 받았다 함은 자칭 창조주, 자칭 신(예를 들면 여호와, 강증산)을 읊조리던 외계 존재의 지구 문제 개입에 제동이 가해졌다는 얘기다.

그 삼분의 일이 어두워지니 낮 삼분의 일은 비침이 없고 밤도 그러하더라 함은 외계의 존재들이 지구 문제에 더 이상 개입할 수 없게 되었다는 것인데, 전부 개입할 수 없다는 것이 아니라 허용되는 존재도 있지만, 허용되지 않음에도 개입하는 존재가 있다는 의미다. 그런 존재로 요즘 극성을 부리는 존재가 해로 자처하는 네바돈 우주의 창조주 아톤, 『밀레니엄 바이블』의 근원의식이다.

우주의 진면목에 대한 이해만 있다면 지역우주 창조주 같은 소리 하는 존재, 700개 우주의 지배자로서의 근원의식이라는 존재의 앞날이 걱정되는 문제라는 판단을 내릴 수 있는 문제인데, 그에 관련된 문제는 뒤에 좀 더 알아보도록 하고 내가 또 보고 들으니 라 함은 위에서와 다른 것을 보고 들었다는 것이다. 따라서 그 다음에 말해지는 것은 위에 말해지던 것과는 별개의 사항이다.

공중에 날아가는 독수리가 큰 소리로 이르되 땅에 거하는 자들에게 화, 화, 화가 있으리로다 라 함은 땅(종교계)에 거하는 자에게 앞으로 화가 있을 것이라는 얘기이며, 화가 화, 화, 화로 세 번에 걸쳐 연속적으로 있는 것으로 보면 화가 미치는 집단이 세 군데가 있다는 것이다.

이외에도 세 천사의 불 나팔 소리를 인함이로다 라 함은 앞으로 남은 세 천사에 의해 화가 미치는 일이 있을 것이라는 얘기다.

지구인들을 상대로 해, 달, 별을 자처하던 외계의 존재들에게 침을 가할 수 있는 분별력을 기를 수 있는 형태로 선택된 한국인들에게 대중적으로 주어진 깨어라 성 정보, 가르침은 〈센트럴 선〉 메시지였다.

외계로부터 들어오는 다양한 정보에 대해 분별력을 기를 수 있게 한 가르침이 중심태양 메시지였다는 것이다.

악의적 목적 하에 지구 문제에 개입하는 외계 세력들에 대한 배척 능력을 가지도록 한 가르침이 『센트럴 선 메시지』였고, 이 우주는 다차원의 세계라는 점에 대해 눈을 뜨게 한 가르침이 『센트럴 선 메시지』였다는 것인데, 이러한 가르침 형태는 선택된 한국인에게 대중적으로 주어진 우주의 진면목에 대한 가르침이었다.

우리 우주의 진면목을 알 수 있는 정보를 하나 보도록 하자.

다음은 무극의식으로부터의 메시지다.

　우리들은 이 우주를 창조했을 때부터 존재하고 있는 에너지의 원조입니다. 당신들의 말로는 창조주(creator), 그런 이름으로 지금까지 불리어 왔지만 사실은 그 말은 올바르지 않습니다. 오늘은 그 점부터 이야기 하고자 합니다.

　당신들은 창조주 그런 이름을 들으면 아마 인간적인 하나의 존재가 우주의 모든 것을 창조해 냈다고 이해하고 있는 사람들이 많습니다. 그것은 전혀 틀립니다. 우선 우리는 인간이 아니며, 그러한 형태의 생명체도 아니며 에너지도 아닙니다.

　태초에 먼저 빛이 있었습니다. 그 빛은 모든 것을 비추며 생명이 있었고, 성장하고 있는 빛이었습니다. 우리들은 그 빛 가운데에서 의식을 가지게 되었습니다. 우리가 의식이 명확해진 것은 그 빛 안에서 무한이라고 할 수 있는 시간을 보내고 나서입니다.

　[나]라는 의식과는 별도로 의식을 가지고 있는 존재가 있었습니다. 그 의식은 나보다도 먼저 의식을 가지고 있었습니다. 그러나 우리들은 분리되어 있는 별도의 존재도 아니었거니와 또한 동일체도 아니었습니다. 그 의식은 언제나 나와 일체가 되는 것이 가능했었지만, 그 의식과 나의 의식은 개별적인 의식이었습니다. 이 의식이라는 것은 빛을 나누는 것이 가능하고 또 여러 형태로 변화할 수 있어 내가 자신의 의식 그것을 조금씩 성장시키고 있었을 때, 여러 가지를 생각하기 시작했습니다.

　이러한 의식이라는 것들이 전부 어느 정도 있을까 적어도 나 이외에 무한이라 할 수 있을 만큼의 의식이 이미 존재하고 있었던 것 같지만, 아직 그것을 확인하지 않은 상태였습니다. 내가 여러 의식과 의사소통을 하려고 움직이기 시작하자 여러 의식이 그곳에 있었습니다. 그리고 각자가 완전히 다른 가치관을 가지고 활동하고 있었습니다. 매우 흥미 있었습니다. 그리고 또한 그들이 같은 것을 생각하고 있다는 사실을 차츰 알 수 있었습니다.

이 빛 안에 의식의 수가 점점 불어났고, 서로 의시소통을 취하게 되었습니다. 이 빛의 근원은 무엇이었을까 우리들은 그 답을 찾기 위해 여러 가지 모험을 했습니다. 아무리 가도 빛이었으며, 누구와 이야기를 해 보더라도 그들 훨씬 이전에도 이미 의식이 있었지만 가장 처음의 의식을 만나지 못했습니다. 나는 지금 그 모험을 계속하고 있습니다. 하지만 그 모험을 하는 도중 여러 의식과 이야기 하는 가운데 많은 사실을 배웠습니다.

이 의식이라는 것은 무엇이든 가능하게 하는데, 어떤 의식은 자신의 분신을 이미 만들 수 있어 차례로 의식을 만들어 갔고, 어떤 의식은 자신 이외의 전혀 다른 생명을 만들 수가 있었습니다. 참 불가사의한 움직임이었습니다. 나는 나를 가지고 완전히 다른 움직임을 할 수가 있었습니다.

이리하여 여러 의식과 의시소통을 하는 가운데 의식들은 서로 완전히 다른 특징을 가지고 있다는 것을 알게 되었습니다. 왜 이렇게 되었는지 우리들도 알지 못했지만 이상하게도 완전히 동일한 의식이라는 것은 없었습니다.

나의 특징은 이 의식을 성장시키기 위한 체제를 만드는 것이었습니다. 나는 여러 경험을 쌓기 위해 여러 체제를 만들 수가 있었고, 그것을 다른 의식에게도 체험시켜 그것에 의해 크게 성장해 갈 수 있다는 사실을 알았습니다. 이러한 체제가 가능하다는 것은 아직 들은바가 없습니다. 적어도 나만의 능력이라고 생각하고 있습니다.

나는 이 능력을 사용하여 가능한 한 훌륭한 성장체제를 만들려고 했습니다. 최대로 성장시키기 위한 체제란 어떤 것일까 나는 항상 그것에 도전하여 여러 상황을 창조해 갔습니다. 이 성장을 위한 체제가 여러분의 단어로 말하면 우주인 것입니다.

결국 우주라는 시스템은 나의 의식이 창조해 낸 시스템이며, 다른 의식에게는 반드시 우주라는 개념이 존재하는 것은 아닙니다. 그들은 또 다른 불가사의한 일을 하고 있습니다.

그런 의미에서 창조주라는 것은 의미가 없다는 점을 이해하시기 바랍니다. 내가 처음에 말했던 창조주라는 것이 반드시 적절한 것이 아니라는 점은 그런 연유로부터 온 것입니다

여러분도 언젠가는 성장하여 이 의식 영역에 이르렀을 때 다른 의식들과 의사소통을 해보는 것이 좋을 것입니다. 우주라는 것을 경험하지 않는데도 존재하는 의식, 그들은 멋진 의식입니다. 이 빛의 가운데에서 존재하고 있는 멋진 의식이 무한에 가까울 정도로 존재하고 있습니다. 언젠가는 여러분들도 그런 의식과 만날 수 있을 것입니다.

이 우주는 우리들이 이렇게 하여 창조해 낸 체제 안에서 운영되고 있습니다. 지금 우리들이라고 하는 것은 비슷한 의식의 동료를 총칭해서 말하는 것입니다. 나의 근본은 아까 말했던 나의 가장 처음의 의식, 근본이지만 나 자신이 우주 가운데에서 수많은 경험을 거쳐 다른 의식들을 창조해 갔습니다. 이런 여러 의식 그것을 총칭해서 우리들이라는 표현을 사용하고 있습니다.

이 우주라는 것, 사실 이것에 대한 전체 상은 아직 이 지구상의 인간에게는 어느 누구에게도 이해되어 있지 않습니다. 일반적으로 여러분들이 살고 있는 이 우주, 이 우주와는 달리 또 다른 우주가 있다고 배우고 있습니다. 이것은 그것만으로 틀리지는 않지만 이 우주를 창조한 의식과 다른 우주를 창조한 의식은 원래 같은 의식입니다. 단지 그 의식으로부터 발산되는 하나의 파동으로서 창조주라는 말을 사용했을

경우, 창조된 우주마다 창조주가 있습니다. 따라서 여러분들의 이 우주와 다른 우주를 창조한 창조주와는 다른 의식인 것입니다. 하지만 근본의식에 가게 되면 그것은 하나의 의식에 도달합니다.

각 창조주가 지니고 있는 '자신은 창조주다'라는 의식 그 안에는 오히려 정묘한 본래 의식이 있는데 이것이 근본의식으로 되어 있습니다. 다시 말해 창조주의 의식이라는 것은 본래 의식의 파동을 조금 낮춘 부분에 지니지 않는다는 사실을 알아야 합니다. 이러한 우주라는 것이 사실은 무한이라 할 수 있을 정도로 존재하고 있습니다.

(이 대목에서 밀레니엄바이블 정보의 가식성을 의식할 수 있다. 『밀레니엄 바이블』이 제시하는 우주 모형은 근원의식 자신이 우주의 전체이며 근원의식 휘하에 있는 700개의 우주가 이 우주의 전체라고 한다.)

왜 그렇게 우주가 존재하고 있는 것일까 이것도 경험을 위해 창조한 것입니다. 창조주라는 의식이 점점 성장해 가서 우리들과 같은 근본의·의식에 가까워지려 하고 있습니다. 그것을 위해 계속해서 경험을 쌓고 본래의 빛의 의식에 들어가려고 하고 있습니다.

(라고 창조주가 무엇을 하려고 한다고 말하고 있고)

창조주의 의식은 언젠가는 우리들과 같은 레벨이 됩니다.

(라고 창조주가 이르는 결과를 말하고 있고)

지금 말하고 있는 이 빛의 의식은 창조주의 의식보다도 훨씬 높은 영역의 것입니다.

(라고 말하는 바와 같이 우리가 대단한 존재인 것으로 알아야 하는 창조주조차도 근본의식에 비하면 낮은 영역의 존재가 되고 따라서 창조주가 본래의 빛의 의식에 들어가는 것은 창조주의 차원상승을 의미하는 것이라고 말하고 있다.)

그렇다고 하더라도 창조주는 언제라도 우리들과 대화를 할 수가 있습니다.

(우리가 창조주와 대화를 할 수 있는 것과 같이 근본의식도 근본의식의 피조물인 창조주를 상대로 대화를 나눈다는 얘기가 되니 어디까지가 창조주이고 어디까지가 피조물이라는 것인지 한마디로 세상은 요지경이라는 것인데 그러한 근본의식 마저도 자신보다 더 큰 빛의 의식이 무한히 존재하고 아무리 여행을 해도 최초 의식은 만나지 못했다고 하니 이 대목을 의식하면 광활하고 무한한 우주임을 의식하는 우주의식 체제를 갖출 수 있는 것이다.)

높다거나 낮다는 인식은 전혀 가지고 있지 않고, 같은 의식의 동료로서 의사소통을 하고 있을 뿐만 아니라

(창조주가 신과 나눈 이야기를 통하여 우리 피조물에게 신과 우정을 나누고 교감을 나눔으로써 공동 창조주가 되라고 하는 모델은 근본의식이 보여주는 모델에서 나온 것임을 생각할 수 있는 상황이다.)

모든 우주에 존재하는 각기 다른 창조주의 의식들과도 의사소통을 하고 있습니다.

각기 모든 우주마다 의식의 생각이 있고 역할이 있으며 자유롭게 우주를 만들어 성장하기 위해 노력하고 있습니다. 그럼 그 가운데 한 우주를 봅시다.

(라고 우리의 우주를 지적하는 말을 시작 하는데)

우리들은 여러분들의 세계를 어떤 시각으로 보고 있을까. 우리들의 의식과 항상 의사소통을 하고 있는 의식이 창조주로 존재하고 있습니다. 그 창조주가 자신의 우주를 만들어 여러 형태로 영위하고 스스로의 성장을 위해 체험을 쌓고 새로운 것을 배우며 여러 체계를 사용하고 있습니다.

(창조주의 비밀이란 스스로 성장하는 진화에 있으며 근본의식이 보기에 우리 창조주는 스스로의 성장을 위해 한 가지 방법이 아닌 여러 가지 방법을 쓰는 노력파라는 것이다)

그 우주를 만들 때 반드시 해야 할 몇 가지가 있습니다. 의식을 성장시키기 위한 체제를 만들어야 한다는 것입니다.

(의식 성장 체제를 만들지 않으면 창조주 해 먹기도 따분할 것이다. 진화하지 않고 한번 원숭이가 언제까지나 원숭이라면 존재 의미가 무료해져 자살하기 딱 좋은 조건이다.)

의식을 어떻게 성장시켜 나갈 것인가. 이것은 우주에 따라 완전히 다르게 되어 있습니다. 그래서 여러분들의 세계에서는 혼이라는 것을 창조하여 그것이 체험을 쌓는 것에 의해 의식을 성장시켜 가도록 하였습니다. 다른 우주는 전혀 다른 시스템으로 의식이라는 것을 성장시켜가고 있습니다.

(분령체가 사는 집으로 혼이 창조되고 영혼이 사는 세계가 영계이고 영혼이 물질과 같이하는 세계가 물질계라는 것인데 이러한 세계는 우리 우주 고유의 세계라는 것이다.)

예를 들면 어떤 우주에 있어서는 단순히 자신의 의식을 분열시키고, 그 분열시킨 의식을 성장시킬만한 체계를 만들고 있고 또 어떤 우주에서는 자신의 의식 그 자체가 우주 전체로 침투하는 것과 같은 체제를 만들어 점점 확대시켜가며 의식을 성장시키는 등 각각의 창조주의 지혜와 창의와 노력에 의해 만들어지고 있습니다.

(우리의 우주는 이 두 가지 방법을 다 사용하고 있는 모양이다.

신과 나눈 이야기는 인간은 창조주의 분령체임을 말하고 있고 창조주는 알파요 오메가라고 하듯이 이 세계의 모든 것이라고 말하고 있다.)

각각의 의식이 어떻게 활동하는지는 완전히 자유의지에 맡겨져 있습니다.

(우리 창조주가 인간들에게 자유의지를 부여해 준 것 모양으로 근본의식도 각 창조주에게 자유의지를 부여해 준 모양이다)

이 의식이라는 것은 그것만으로 여러 능력을 가지고 있어 에너지를 만들어내는 것도 가능합니다.

(에너지 형태가 전기면 전기, 자기면 자기를 만들어내는 것이 가능하다는 소리겠지.)

이러한 의식과의 교류 이것이 최종적인 모습입니다. 우주를 넘어선 빛의 세계에 있는 우리들의 모습입니다.

그리고 우리들 자신도 가장 처음의 의식을 찾아 여행을 계속하고 있지만 아무리 가도 끝이 없이 의식들이 점점 불어나고 있습니다. 그것은 매우 즐겁습니다. 지금 이렇게 내가 여러분들에게 말하고 있는 것만으로도 멋있는 경험이고, 이렇게 하고 있는 것을 보고 기뻐하는 다른 의식도 있으며 또 이상한 짓을 하고 있다고 말하는 의식도 있습니다. 매우 재미있는 일이 지금 일어나고 있는 것입니다. 우리들이 말하는 빛의 세계는 정말로 우주를 넘어선 빛의 세계입니다. 여러분의 우주에서는 빛이 어둠속에서 만들어졌기 때문에 빛과 어둠이 항상 존재하고 있습니다.

그러나 우리들의 세계는 빛밖에 없습니다. 처음부터 빛이 전부였지 빛의 외곽이라는 것은 없습니다. 전부가 빛 어디까지 가더라도 빛, 그 빛 속에서 의식이 활동하고 있는 것입니다.

(이 대목에서 『유란시아서』 정보의 가식성을 의식할 수 있다. 『유란시아서』는 우주 중앙에 파라다이스 우주가 존재한다고 하는데, 무한 세계에서 단 하나만 존재하는 우주란 존재할 수 없는 것이며, 『유란시아서』가 다루는 우주의 범위는 어둠이라는 에너지 범위 내의 우주일 뿐 어둠을 초월하는 우주가 아니다. 『유란시아서』는 빛만 존재하는 무극의식의 세계를 소개하는 정보는 없다.)

의식들끼리 교류하는 것은 매우 즐겁습니다. 서로 반드시 사랑을 가지고 교류를 하고 상대를 존중합니다. 당신은 어떤 경험을 해온 의식입니까? 당신의 특징은 어떤 것입니까? 그렇게 이야기가 시작되고 내 경우에는 언제나 이렇게 답합니다.

저는 의식을 성장시킬 수 있는 시스템을 만들 수가 있습니다. 이 체제 안에서 자신의 의식을 하강시켜 배워보십시오 여러 가지를 공부할 수가 있습니다.

　새로운 의식을 만들어내고 그것이 차례로 성장해가기 위한 과정, 내가 만든 체제 안에서 모두 배울 수가 있습니다.

　여러분들의 우주에 있어서의 창조주는 나의 의식의 일부를 여러분들의 창조주로서 하강시켜 만들었습니다. 나는 여러 우주를 따로 알고 있고 여러분들의 우주가 특히 흥미로운 우주라는 사실을 알고 있습니다.

　(라고 말하는 바와 같이 우리의 우주가 어둠 가운데에서 난 우주 치고는 별난 우주라는 것을 말하고 관심이 가는 우주라는 것을 말하는데,)

　여러분들의 우주는 진정으로 멋진 우주이고 여러분들의 우주를 만든 창조주는 매우 멋진 창조주로서 지금까지 여러 우주를 만든 적이 있습니다. 아마 여러분들의 우주는 그 창조주에 의해 7번째 나 8번째 정도의 우주일 것입니다.

　(『예수 그리스도의 충격 메시지』에 따른다면 12번째 우주다.)

　그리고 이번 우주는 창조주에 의해 특별히 재미있는 도전을 해봤습니다. 각각의 창조주가 지니고 있는 멋진 능력을 가지고 와서 그것을 서로 모았을 경우 얼마나 멋 있는 우주가 탄생할 것인가 하고 그것에 협조해 줄 창조주를 찾았습니다.

　그러자 '제 에너지를 사용해 주십시오.' '제 에너지를……' 하며 수많은 창조주들 이 찾아 차례대로 찾아왔습니다.

　그 가운데에서 뛰어난 창조주만을 선택하여 개입시켰습니다. 최대한 훌륭한 빛을 발할 수가 있고, 최대한 큰 에너지를 체득할 수가 있으며, 다른 의식을 좀 더 존중하고, 에너지를 나누어 줄 정도의 능력을 체득할 수가 있는 그러한 멋진 에너지만을 가득모아 여러모로 계획을 짰습니다.

여러분의 창조주는 우주를 만들 때 굉장히 여러 상황을 생각했는데, 그때 다른 존재들이 많은 제안으로 협력을 하게 되었고 또 그들과 함께 우주의 시스템을 창조해 갔습니다.

(뒤에 소개되는 창조주의 에너지와의 연결이라는 제하의 글에서 우리의 창조주는 이 우주를 창조하는데 협력한 창조주로 아슈타 코멘드, 시리모스, 아다미스 등이 있다고 말한다.)

그 가운데서 특히 흥미 있는 일은 창조주가 가능한 한 자신이 관여할 수 있는 시스템을 여러 곳에 만들어 놓은 점입니다.

(이 말의 의미는 성경 상의 첫 나팔이 한국인의 대리전쟁을 의미하는 피 섞인 우박과 불이듯이 어떤 사건이 벌어지도록 하는 데에서 우연이란 없고 다 우연을 가장한 필연체제로 시공간 구조를 미리 짜 놓았는데 그런 미리 짜인 필연체제가 한, 두 군데만 연결되도록 되어있는 것이 아니라 여러 군데로 연결되도록 짜 놓음으로써 필연성의 도를 높게 만들어 놓았다는 것이다.)

창조주는 단지 우주만을 창조한 것이 아니라 자신도 직접 그 안에서 체험을 쌓기 위한 시스템을 잔뜩 만들어 직접 배우고, 크게 성장할 수 있게 했습니다.

다른 창조주들 역시 단지 우주를 창조하는 것만으로는 재미가 반밖에 없어 실제로 자신이 체험하여 무엇인가를 하는 것에 의해 배우는 그러한 시스템을 모두 만들었습니다.

창조주에 의해 만들어진 의식은 언제까지나 그 범위 내의 의식밖에 사용할 수 없지만 이 우주를 창조할 때 협력한 멤버들 모두의 에너지를 동시에 사용할 수 있도록 만들어 놓았습니다. 그래서 창조주가 직접 여러 우주에서 활약할 때는 모든 에너지를 사용하여 체험을 축적해 갑니다.

우리들이 지금 왜 이런 이야기를 하는지 아직 몰라도 상관없지만 이제 곧 알게 될 것입니다. 사실 이것은 매우 대단한 이야기를 하고 있는 것입니다. 머지않아 이해하게 될 때가 오겠지만 지금은 이대로 진행할 것이니 우선 들어주기 바랍니다.

여러분들의 창조주가 스스로 반드시 관여하는, 또는 관여하지 않으면 안 되는 사태를 설정해 놓고 그것에 따라 스스로 역할을 하며 자신이 배우는 그러한 시스템을 만들었습니다. 그리고 다른 의식과 협력을 하면서 이 우주를 성장시키고 그것에서 기쁨을 얻을 수 있도록 만들어 두었습니다.

그런데 여러분들 우주의 이 창조주라는 존재는 실제로는 나와 같은 의식으로부터 온 것입니다.

그렇기 때문에 여러분의 창조주가 생각하고 있는 것은 나에게 전부 이해되고 있습니다. 하지만 여러분들의 우주 안에서 직접 관여할 수 있는 것은 어디까지나 여러분들의 창조주입니다. 다른 창조주가 직접 관여하는 것은 허락되어 있지 않습니다. 나조차도 직접 관여하는 일은 하지 않습니다.

(이 대목에서 『밀레니엄 바이블』에 등장하는 700개의 우주를 거느린 근원의식이라는 존재의 정체성이 의심된다는 점을 말할 수 있다. 지구문제 관여는 근본의식도 안하고 있다는데 지구문제에 관여해서 기(氣) 몸에 에너지를 받으라는 소리를 하는 존재는 과연 어떠한 존재 이겠는가를 의심해 보아야 함을 말할 수 있다.)

단지 의사소통은 항상 하고 있을 뿐입니다. 그런데 어느 날 지금 여러분들의 창조주가 매우 중요한 시기에 와 있다는 사실을 내게 전해 왔습니다.

어느 의미에서는 일부러 만든 시스템이기도 하지만 여러분들의 우주는 지금 매우 중요한 시기에 와 있고 여러분들의 창조주가 스스로 지금부터 역할을 하는 시기가 되도록 자신이 설정하여 이 우주를 만들었습니다. 다시 말하면 창조주는 자신 스스로의 순서를 정하여 나타날 계획을 짰고 그 시기는 지금 다가왔다는 것입니다.

　창조주는 창조주밖에 사용할 수 없는 훌륭한 에너지, 즉 어떤 인간이나 마스터들도 사용할 수 없는 에너지를 가득 지니고 있습니다. 그것을 사용하여 창조주밖에 가능하지 못한 힘을 보여주어 그 존재를 모두에게 알리고 이에 따라 다른 의식들도 여러모로 배울 수가 있는 것입니다

　지금 여러분들의 우주에서는 지구라는 혹성, 이것이 큰 포인트를 차지하고 있습니다. 여러분들의 창조주는 지금 지구라는 혹성에 직접 관여하기로 결정했습니다. 그리고 스스로의 에너지를 사용하여 지구라는 별을 크게 개혁시켜 이 우주까지도 바꾸려는 생각을 하고 있습니다.

　이것은 엄청난 계획이며 지금 진행되고 있습니다. 다른 그 누구도 그것을 믿지 않고 있으며 여러분들조차 믿을지 모르겠지만 하여튼 여러분들의 창조주는 그것을 실행에 옮기려고 하고 있습니다. 여러분들의 별, 지구라는 혹성은 여러 목적으로 창조되었고 그것에 관여한 존재들이 너무나 많기 때문에 서로의 조정이 완전히 이루어지지 않았습니다. 그래서 이곳저곳에서 불균형이 발생하게 되었는데 그것은 단순한 응급조치로는 도무지 해결될 수 없을 정도입니다. 그리하여 여러분들의 창조주는 근본적으로 되돌려 그것을 창조주의 에너지로 바꾸려 하고 있는 것입니다. 이것이 지금 일어나려 하는 상황의 설명입니다.

　우리들은 여러분들의 지구라는 혹성이 이제부터 멋지게 변해갈, 그리고 빛나게 될, 우주로까지 그 빛을 퍼뜨릴, 멋진 혹성이 될 것을 기대하고 있습니다. 그렇기 때문에 여러분들의 창조주가 스스로 움직이기 시작한 것에 우리들도 상당히 기대하고 있습니다.

　이러한 관점에서 여러분들의 우주를 보고 있기 때문에 지구라는 별, 인간이라는 생명체와 대화해야 함은 당연한 일이지만 처음 있는 일입니다. 단지 다른 우주에서

는 예외이지만 그러나 여러분들의 우주에 있어서도 이전에 육체를 갖지 않은 많은 존재들에게 이야기를 한 적이 있듯이 전혀 없는 일은 아닙니다.

우리들도 이렇게 해서 여러 의식과 의사소통을 하는 것을 매우 기쁨으로 여기고 있습니다. 앞으로 기회가 있다면 나는 언제나 앞장서서 그것에 참가하겠습니다.

여러분들과 같은 생명체와 대화가 가능하다는 것도 정말로 즐거운 경험이 되고 있습니다. 이제부터 지구라는 별이 여러분들의 창조주와 함께 협력하는 것에 따라 크게 변화해간다는 사실, 그리고 그것을 잘 이해하여 여러분들도 노력해 주기를 바랍니다.

인간은 언제나 이름이라는 것을 듣고 싶어 하는 것 같습니다. 나는 특별히 이름이 없고, 이 우주의 모든 의식의 근본의식이라고 생각하면 됩니다.

이상에서 본 바와 같이 어둠이 존재하는 우리 우주의 진면목이 근본의식에 속해있는 하나의 시스템이라는 사실에 접하면 그 시스템 속에서 허우적(?)거리는 불쌍한(?) 우리라는 답을 도출할 수 있는 문제인데, 허우적거리는 불쌍한 모습의 하나가 어떤 모습인가를 말해주는 또 하나의 근본의식으로부터의 메시지를 보도록 하자.

나는 여러분과는 처음으로 이야기 합니다.

여러분은 지금까지 여러모로 우주의 구조를 배울 수 있었습니다. 어떻게 우주가 운영되고 있는지 어떠한 존재들이 그것에 관여하고 있는지 조금씩 이해하고 있습니다.

빛과 빛이 아닌 것(어둠) 양자의 균형에 따라 다양한 것이 만들어지고 있습니다.

성장이란 무엇인가, 사람을 사랑하는 것이란 무엇인가, 법칙이란 무엇인가 여러분에게 여러 가지 것이 밝혀져 왔습니다.

여러분은 다만 그러한 구조를 배우는 것에 그치는 것이 아니라, 여러분의 우주에서 그것이 잘 활용될 수 있도록 시도하고 있습니다. 여러분 자신의 우주를 제대로 인식하기 시작하고 있습니다.

이것은 훌륭한 일입니다. 한 사람 한 사람이 창조주가 되어 자신의 우주에 구조를 만들고 인간관계를 만들며 자연의 환경을 만들고 현실을 만들어 나갑니다. 그리고 자신을 성장시켜 나갑니다.

우주란 무엇일까요. 우주는 의식을 성장시키기 위해 만들어진 거대한 시스템입니다. 그 안에 의식을 투입하여 의식이 성장을 쌓아갑니다. 우주 안에서 체험하며, 확실히 성장해 갑니다. 생명을 사랑하고 여러 가지 생명과 사랑의 에너지를 교류하며, 지금까지 체험한 적이 없었던 사랑을 몸에 익혀갑니다. 자신과는 완전히 다른 생명이 매우 훌륭한 사랑을 보내옵니다. 완전히 처음 만나는 생명체로부터도 사랑을 받을 수 있습니다. 그에 따라 확실히 보다 높은 사랑으로 성장해 갑니다.

보다 높은 사랑으로 성장해나가기 위해서는 보다 높은 사랑을 받아들일 수 있는 자신의 그릇이 필요합니다. 보다 높은 파동의 빛으로 그 그릇을 크게 만들어 나갑니다. 그리고 여러분도 성장을 계속해 나갑니다.

여러분의 우주는 이러한 의식들이 서로 협력하고 깜짝 놀랄 시설을 만들고자 모두가 배움을 계속하고 있습니다.

그러나 너무나도 대단한 목적을 만들었기 때문에 좀처럼 해법을 얻을 수 없고, 매우 고생하면서 작업을 진행시키고 있습니다. 그렇지만 그들의 목적은 매우 훌륭한 목적이고 많은 지혜를 사용하여 여러 가지 도구를 사용해 작업을 진행시키고 있습니다. 그들은 도 중에 여러 가지 것을 경험했고 자신들로서는 곤란한 부분을 몇 가지 깨달아 가끔씩 나의 곳에 찾아옵니다. 그러면 나는 나만의 어드바이스를 그들에게 줍니다.

지구라는 혹성이 생긴 것도 제일 처음에는 내가 어드바이스를 주었습니다. 그대로는 그 교육시설 자체가 붕괴해 버릴 가능성이 있어 그것을 극복하기 위한 방법으로서 어떤 특별한 시스템을 제안 했습니다. 어떤 혹성과 우주를 대응해 우주의 문제를 모두 혹성에 가져오도록 하여 하나의 혹성 안에서 다양한 생명이 관여해 그것을 해결해 나가는 방식입니다.

무사하게 그것을 해결할 수 있으면 우주 자신의 문제를 해결할 수 있습니다. 그렇게 대응하도록 어드바이스를 했습니다. 그리고 그들은 그것을 실행으로 옮겼습니다. 지구가 훌륭한 혹성으로 바뀌면 우주가 훌륭한 우주로 바뀌는 것입니다.

그러나 지구가 훌륭한 혹성이 되는 데에는 커다란 어려움이 수반되고 있었습니다. 문제가 불필요하게 복잡해질 뿐이었고, 해결의 실마리조차 볼 수 없었습니다. 거기서 그들은 하나의 섬(일본)을 만들어 그곳과 지구를 대응시켰습니다.

어떤 하나의 섬을 아름다운 지역으로 만들 수 있는 경우 지구 자신이 아름다운 혹성이 될 수 있도록 조건화 시켰습니다. 그리하여 그 섬이 빛나면 빛날수록 지구가 빛나고 지구가 빛날수록 우주가 빛나는 그러한 구조를 만들어 두었습니다.

그러나 그것마저 역시 여러 가지 곤란이 수반되어 좀처럼 실현되기 어려워졌습니다. 때문에 그 섬에는 될 수 있는 한 문제를 가져오지 않게끔 하기로 그들은 생각했습니다.

우주의 문제를 모두 지구에 가져왔기 때문에 지구에는 싸움만이 일어나 종국에는 그것을 극복할 수 없었기 때문에 일본을 만들 때에도 될 수 있는 한 문제를 일본에 가져오지 않도록 대응시켜 나갔습니다. 이를 통해서 보다 순조롭게 일본이 빛나게 할 계획이었습니다. 그러나 결과는 완전히 예상 밖의 방향으로 진행되어 나갔습니다. 일본인 자신이 전혀 빛을 발하지 않았기 때문입니다.

일본이 전혀 빛나지 않았습니다. 그들은 처음의 계획대로 진행할 수가 없었습니다. 이렇다 할 문제가 없었음에도 불구하고 왜 일본은 빛나지 않는 것일까요 일본은 모두에게 충분한 집과 음식이 있습니다. 돈도 충분히 있습니다. 종교나 민족의 분쟁도 없습니다.

다른 나라가 겪고 있는 문제는 일본에서는 거의 해결되어 있습니다. 그럼에도 불구하고 빛나고 있지 않습니다, 병원도 많이 있고 약도 많이 있으며, 세금도 비교적 쌉니다. 그럼에도 불구하고 빛나고 있지 않습니다. 일본 그들은 어디서부터 잘못되었을까요.

일본이라는 나라는 본래 다른 기능을 가지고 있었습니다.

일본인은 태양의 나라라는 말을 자주 사용합니다. 그렇습니다. 본래는 태양의 나라라는 역할이 있었습니다. 태양의 중심이 되어 이 지구를 항상 빛낼 수 있는 에너지를 발하도록 만들어지고 있었습니다. 이 태양의 나라로부터 여러 가지 빛남이나 아름다움을 지구에 넓혀나가는 역할이 있었습니다. 그리고 태양의 민족이 훌륭한 석이나 빛을 자꾸자꾸 지구에 가져오고 사랑이나 행복을 주변으로 길 예정이었습니다. 그러나 어느덧 그러한 역할이 전혀 기능하지 게 되어 버렸습니다. 황금의 나라 경제적으로 풍부한 나라 다만 그러한 표현으로 조금 태양의 민족의 잔영을 남기고 있을 뿐이며, 정신적인 빛은 전혀 발하지 않는 상황입니다.

大和의 민족은 본래 다른 지역에서 활동을 시작하여 이즈음에는 세계로 진출할 예정으로 만들어지고 있었습니다. 그러나 분쟁이 복잡해짐에 따라 본래의 대화의 나라 기능을 완수할 수 없게 되어버렸습니다. 그 때문에 큰 폭으로 계획을 변경하여 대화의 나라 역할을 태양의 민족으로 옮기기로 했습니다. 당시 태양의 나라는 그만큼 분쟁도 없었고 종교적인 대립도 복잡하게 진행되고 있지 않았기 때문에 대화의 역할을 태양의 나라로 옮기기로 했습니다. 그를 위해 대화의 민족을 태양의 나라로 이동시켰고 대화의 민족 유전자를 태양의 나라에 모아와 태양의 나라를 대화의 민족의 활동의 거점으로 삼기로 하였습니다.

그러나 그 무렵부터 태양의 나라가 분쟁을 시작하게 되었습니다. 대화의 나라의 민족이 태양의 나라에 들어가게 됨에 따라 분쟁이 격렬하게 되었습니다. 이미 출발 때부터 곤란을 수반하고 있었습니다. 태양의 나라는 대화의 민족을 좀처럼 받아들이지 않았습니다. 조금씩 대화의 세력이 확대하여 태양의 나라에 여러 가지 관리를 하기 시작 했습니다. 태양의 나라는 이윽고 대화에 모든 것을 맡기게 되었습니다. 그래서 대화의 민족은 태양의 나라에서 본격적으로 활동을 시작하게 되었습니다.

대화의 나라의 민족

일본인 말로 말하는 아마테라스, 오오크니니누시 그들은 본래 대화의 나라 창립자였습니다. 태양의 나라는 다른 신이 처음에 만들어 냈습니다. 그러나 지금의 일본인에게는 이미 관계가 없는 얘기가 되고 있습니다.

태양의 나라는 본래 좀 더 다른 전개를 할 예정이었습니다, 정말로 빛이나 기쁨을 지구에 넓혀나가는 역할이 있었습니다.

태양의 나라…….

이 이야기는 대부분의 사람들에게 전혀 처음일 것이며 우리들은 이야기 한 적이 없습니다. 이것을 이야기함에 따라 커다란 혼란이 일어나는 것뿐이고, 여러분은 비난을 받을 것입니다 따라서 함부로 발설할 필요는 없습니다. 믿을 필요도 없습니다. 지금 이것을 이야기 하고 있는 것은 태양의 나라의 대화의 민족으로서의 역할, 그것을 확인해 주기를 바라는 마음으로 이야기하고 있는데 지나지 않습니다. 여러분은 대화의 나라 유전자와 태양의 나라 유전자 양쪽 모두를 겸비하고 있습니다. 지금까지 대화의 유전자를 꽤 강조하여 대화의 에너지를 많이 흘려왔습니다.

커다란 조화 여러 사람들 사이에 서로 일체감을 느끼기 위한 에너지로서 대화의 에너지가 만들어졌습니다. 사람들을 확실히 묶는 에너지입니다. 대화의 에너지…….

그러나 나는 역시 태양의 나라의 에너지를 여러분께서 사용해 주시기를 바라고 있습니다. 지구상에서 빛을 발하고 기쁨을 흘려 즐거움을 넓혀나가는 역할도 역시 수행해 주기를 바랍니다.

오늘은 태양의 나라의 에너지도 느껴주십시오 커다란 태양의 에너지를 느끼십시오. 태양의 에너지는 자신으로부터 기쁨을 다른 사람에게 주어갑니다. 자신으로부터 즐거운 것을 자꾸자꾸 발산해 갑니다. 자신으로부터 진리를 자꾸자꾸 넓혀나갑니다. 이것이 태양에너지입니다.

여러분은 대화 태양의 민족 그리고 대화의 민족의 계승자로서의 자각을 가지시기를 바랍니다. 대화의 민족이 일본에서 신도라는 것을 만들고 나서부터 태양의 에너지가 엷어져 버렸습니다.

자신으로부터 빛을 발하는 사람이 줄어버렸습니다. 다만 조화만을 요구하고 자신은 가능한 한 나서지 않고 조화만을 유지하고 있습니다. 그러나 태양의 민족이여 자신으로부터 빛나십시오. 자신으로부터 기쁨을 주십시오. 다만 사이가 좋으면 괜찮은 것이 아닙니다. 자신으로부터 바로잡아 진리를 나타내십시오.

새로운 대화의 민족, 태양의 에너지를 거두어들인 대화의 민족 여러분들이 개척하여 꼭 이 에너지를 정착시키십시오.

커다란 화는 중요합니다, 그러나 자신도 빛이 되십시오. 그리고 태양이 되십시오. 자신을 죽인 화는 진정한 화가 아닙니다. 여러분은 지구 그리고 이 우주에까지 빛을 보낼 수가 있습니다.

이미 단순한 서로 화목한 빛만으로는 우주에까지 퍼지지 않습니다. 자신이 태양이 되어 우주 전체를 비추는 힘이 필요합니다.

제대로 빛날 수 있기를 그리고 그 각각을 대화로 이으십시오, 이것이 본래의 일본의 기능입니다.

그것을 다시 제대로 후지의 저장고에 저축하십시오.

한 사람 한 사람이 확실히 빛을 발하는 것을 바라고 있습니다.

감사합니다.

이상과 같은 무극 의식이 전하는 메시지에 따른다면 지구와 우리의 우주는 대응 관계에 있는 것이기 때문에 지구의 지상천국화가 먼저 선행되어야 다른 천체에서의 지상천국화가 가능하게 된다는 것으로 지상 천국이 이루어지면 하늘나라에서도 같이 하늘 천국이 이루어지리니 지상에서 풀면 하늘에서도 풀리며, 지상에서 맺으면 하늘에서도 맺어지라는 첫째 나팔의 의미를 이해할 수 있게 된다.

우리의 우주는 지구와 대응 관계에 있는 우주이므로 지구인으로서 가져야 하는 관심의 초점은 대응 관계 해결에 두어야 한다는 것을 말할 수 있는 것이다.

대응 관계에 놓인 문제를 해결해 나가는 자세는 태양과 같은 상태가 되어 자신이 직접 빛을 강력하게 비추어 나가야 하는 상태가 되어야 하고 그런 상태를 대화의 에너지로 이어야 한다는 것이 무극의식으로부터의 가르침인 만큼 빛나는 것이 스스로 빛나는 상태가 되어야 한다는 것이다.

빛나는 상태를 외부의 존재에 의지해서는 안 된다는 것이다.

이상, 우리 우주의 진면목이 어떠한 상황에 있다는 가르침을 선택된 한국인에게 대중적으로 준 모양을 보았다.

이러한 가르침의 의미는 한국인이 처해 있는 현 위치가 대응 관계에 있는 이 우주의 미래를 좌우하는 중요한 위치라는 각성을 요구하는 것이었다. 이것은 각성 요구 정도가 아니라 호소라고 보아야 할 정도다.

이러한 중요한 위치에 있는 한국인 임에도 현재 처해있는 상황의 심각성을 깨닫지 못하는 종교계 교육계 기득권 세력들의 우물 안 개구리적인 깨어남에 대한 방해 공작은 화를 불러들이기 마련, 요한계시록의 작성자 요한은 위와 같은 가르침이 주어지는 것을 보고 듣는 다른 한편으로 종교계 기득권자들에게 주어지는 화를 보고 듣게 되는데. 기득권자들에게 주어지는 화는 다섯 번째 나팔에서부터 본격적으로 시작된다.

다섯 번째 나팔

네 번째 가르침에 이어 선택된 존재인 한국인들에게 모양을 바꾸어가며 대중적으로 주어진 가르침은 바로 신과 나눈 이야기였다.

신과 나눈 이야기의 내용이 어떤 것이라는 것은 이미 잘 알려진 사실, 여기서는 세간에 알려지지 않은 신과 나눈 이야기에 얽힌 화禍 문제를 다루어 보도록 하자.

성경 상의 나팔은 넷째 나팔까지는 짤막하게 처리되던 것이 다섯 번째 나팔부터는 장을 바꿔가면서 말이 길어지는데 그 이유는 종교 문제가 걸린 문제이기 때문이다. 그런데 종교문제가 걸리는 범위는 앞에 말 한대로 국지적이고 한정적이라는 점이다. 화가 주어지는 것이 전 세계적으로 주어지는 것이 아니라 책임 추궁할 수 있는 존재에 한해서 국지적으로 주어진다는 것이며, 선택된 존재가 한국인들인 까닭에 한국인들에 한해 주어진다는 사실이다.

그에 대한 구체 사항을 보도록 하자.

다섯 째 나팔의 절로 나누어지는 부분 해설에서 다섯 번째 나팔이 화로 작용하는 모습을 볼 수 있다.

요한 계시록 9장 1절

다섯 째 천사가 나팔을 불매 내가 보니 하늘에서 떨어진 별 하나가 있었는데 저가 무저갱의 열쇠를 받았더라

(**해설** : 닐 도날드 월시라는 저가 하늘에서 떨어진 별(신과 나눈 이야기)을 받았는데, 그 책이 무저갱(舞底坑 = 바닥이 없는 구멍)의 열쇠라는 것이며 무저갱의 열쇠라는 것은 곧 무저갱의 정체를 알아 볼 수 있는 지혜라는 것이다.)

2절

저가 무저갱을 여니 그 구멍에서 큰 풀무의 같은 연기가 올라오매 해와 공기가 그 구멍의 연기로 인해 어두워지며

(해설 : 닐 도날드 월시라는 저가 무저갱의 정체를 알아보는 신과 나눈 이야기라는 책을 세상에 내놓으니 그 구멍에서 큰 풀무와 같은 연기가 올라온다는 것은 한국의 가톨릭 실세들의 뱀 같은 방해 공작 행위를 말하며, 그 연기에 의해서 해와 공기가 어두워진다고 했으니 신과 나눈 이야기는 금기 서적이 된다는 것이다.)

3절

또 황충이 연기 가운데로부터 땅 위에 나오매 저희가 땅에 있는 전갈의 권세와 같은 권세를 받았더라

(해설 : 연기 가운데에서 황충이 나온다는 것은 가톨릭교회의 실세와 황충적인 존재(즉 하위급 신부)들 간에 모여 의논하기를 신과 나눈 이야기라는 책이 나왔는데 우리 어떻게 해야 되겠냐? 신과 나눈 이야기는 명상을 중요시 하고 고해성사 하지 말라, 묵주기도 하지 말라, 신도들에게 죄의식 불어넣지 말라 등등 우리가 밥 먹고 사는 원천이 되는 것은 죄다 하지 말라고 그러는데 그러면 우리 뭐먹고 사냐? 우리가 밥 먹고 살려면 이거 마귀가 하는 소리로 만들어야 되지 않겠냐? 식의 뒷거래가 있었다는 것이 연기로 표현된 것이고, 전갈의 권세와 같은 권세를 받았더라는 황충 격이 되는 뜨내기 신부들이 사람들을 죽이는 일에 앞장서게 되었다는 뜻이다.)

4절

저희에게 이르시되 땅의 풀이나 푸른 것이나 각종 수목은 해하지 말고 오직 이마

에 하나님의 인 맞지 아니한 사람들만 _{해하라} 하시더라

(**해설** : 3절에서의 저희와 4절에서의 저희는 뜻이 다른 저희다. 3절에서의 저희는 그들이라는 3인칭 복수로서의 저희이지만 4절에서의 저희는 우리들에게 라는 2인칭 복수로서의 저희다.

글 상으로는 언급이 안 되는 이르시되 라는 말과 하시더라 라는 말이 붙어야 하는 어떤 존재가 우리에게 이르시되 황충이 오직 하나님의 인 맞지 아니한 사람들만 해할 수 있게끔 조종하라고(작은 크기의 해하라) 하시더라 라는 것은 황충이 저희(우리)라는 어떤 존재로부터 지배당한다는 것이다.

땅의 풀이나 푸른 것이나 각종 수목을 해할 수 있는 정도의 능력까지는 없는 상태에서 황충 역할을 하도록 저희(우리)라는 존재가 뒤에서 황충에게 안 보이는 영향력을 가한다는 것이다.)

5절

<u>그러나 그들을 죽이지는 못하게 하시고 다섯 달 동안 괴롭게만 하게 하시는데 그 괴롭게 함은 전갈이 사람을 괴롭게 함과 같더라</u>

(**해설** : 황충적인 존재가 날뛰는 짓을 완전히 못하게 만들지는 말고 다섯 달 동안 황충적인 존재를 저희라는 존재가 괴롭게만 하는데, 그 괴롭게 함은 전갈이 사람을 쏠 때에 괴롭게 함과 같더라 라는 것은 양심의 가책을 느껴가면서도 계속 그 짓을 5달 동안 하도록 저희(우리)라는 존재가 가지고 논다는 얘기다. 양심불량족으로 취급되는 것을 알면서도 계속 황충 노릇을 해야 하니 황충들은 불쌍한 신세라는 것이다.)

6절

그날에는 사람들이 죽기를 구하여도 얻지를 못하고 죽고 싶으나 죽음이 저희를 피해 가리로다

(**해설** : 황충 역할을 그만두고 싶어도 주변 여건상 그만둘 여건이 못 된 다는 소리, 뒷거래와 담합 하에 벌어진 일이었으니 황충 역할을 사직할 것을 요구해도 허락이 안 될 것이라는 얘기고 사정이 그렇다 보니 황충 역할을 그만두고는 싶으나 실제로는 더욱 발 벗고 나서는 쫄짜 역할에 더욱 충실하게 된다는 소리.

에라 모르겠다 이판사판 막나간다는 얘기.

막나가는 상태라면 황충이 하는 짓은 정해져 있는 수순이다. 그다음부터는 당연히 황충들의 모양과 이판사판 막나가는 황충들의 활약상에 대한 묘사가 있게 마련이다. 그 묘사가 7절부터 11절 까지다.)

9장 7절

황충들의 모양은 전쟁을 위하여 예비한 말들 같고 그 머리에 금관 같은 면류관 비슷한 것을 썼으며 그 얼굴은 사람의 얼굴 같고

(**해설** : 막나가려는 판에 당연히 임전무퇴 화랑도의 정신으로 각오가 단단히 있어야 하겠지. 그리고 권위를 유지하려면 머리단장도 해야 되고, 사람 얼굴을 하고 있어야 고해성사 형태의 면죄부 장사도 해먹는 거지, 뱀 같은 얼굴로 있으면 장사 못해먹으니 당연히 그래야 되겠지.)

8절

또 여자의 머리털 같은 머리털이 있고 그 이는 사자의 이 같으며 (**해설** : 여자의 말

재주 같은 간사한 말 재주 사이에 보이는 이빨은 사자 이빨이라는 소리)

9절

또 철흉갑 같은 흉갑이 있으며 그 날개들의 소리는 병거와 많은 말들이 전장으로 달려 들어가는 소리 같으며

(**해설** : 간땡이가 탱탱 부은 상태에서 강심장이 되도록 우황청심환을 잔뜩 처먹어 놓았으니 뭔 소리는 못하겠느냐는 소리)

10절

또 전갈과 같은 꼬리와 쏘는 살이 있어 그 꼬리에는 다섯 달 동안 사람들을 해하는 권세가 있더라.

(**해설** : 신도들을 무저갱으로 휘몰아가는 설교가 허용되었다는 얘기,「뉴 에이지 적 사고방식은 위험하다, 명상은 신앙생활에 도움이 되는 수단일 수는 있어도 절대 사항이 아니다, 기에 심취되는 것은 잘못된 길로 들어가기 쉬운 방법이다, 인간은 원죄를 지니고 태어났으므로 오직 죄 사함을 받는 방법을 통해야만 구원을 받을 수 있다」 등등.)

11절

저희에게 임금이 있으니 무저갱의 사자라 히브리 음으로 이름은 아바돈이요 헬라음으로 이름은 아불루온이더라

(**해설** : 무저갱의 총수가 임금이 아니라 무저갱의 사자가 임금이고, 이 자의 명칭이 맞서는 자이고 파괴자라면 누가 맞서는 자이고 파괴자인가는 황충들이 더 잘 알 것

이다. 무저갱의 총수는 당연히 로마 교황이다. 그런데 무저갱의 총수가 그들의 임금이 아니라 무저갱의 사자가 그들의 임금이라 함은 한국에 존재하는 무저갱의 사자가 누구를 지칭하는 것인가는 삼척동자라도 알 수 있는 사항이다. 몰라야 하는 사람은 오리발을 내밀어야 하겠지만)

12절

<u>첫째 화는 지나갔으나 보라 아직도 이후에 화 둘이 이르리로다</u>

(**해설** : 네 번째 나팔이 말하는 화, 화, 화의 세 번의 화중에 천주교 세력이 뱀의 세력이라는 것이 구체적으로 지적된 상태가 첫째 화라는 것이고, 무저갱의 사자와 황충 간의 물밑 거래 기간인 다섯 달의 권세가 끝나는 것으로 첫째 화는 마무리 지어졌다는 것이다.

황충들의 능력이 하나님의 인 맞지 않은 자만 해하는 권세를 지닌 상태이니 천주교에 남아있는 사람은 어떠한 사람이겠는가는 알아 볼 조라는 소리다.)

이상, 9장 12절까지가 다섯째 나팔이인데, 다섯째 나팔이 보이는 부정적인 모습이 적용되는 지역은 전 세계가 아니라 한국이라는 특정 지역이라는 것은 황충들의 임금이 되는 존재가 무저갱의 사자라는 사실에 나타나 있다. 한국의 추기경은 무저갱의 총수인 교황이 아니라 사자다. 따라서 다섯째 나팔은 한국의 천주교 세력에 주어진 화였다는 사실을 알아야 하는 것인데, 천주교에 주어진 화란 곧 가톨릭 세력의 정체는 뱀蛇이라는 것을 밝히는 것이었다.

한국의 종교 단체 중에는 성령을 말하는 것과 같은 영적 현상에 치중하는 단체가 있는 반면 천주교와 같은 영적 현상은 기피하는 단체도 있다.

개신교 세력을 무시할 수 없었던 한국의 천주교는 성부 성자 성신을 삼위일체로 하던 체제에서 성부 성자 성령을 삼위일체로 하는 체제로 바꾼 이후, 저급 영적 현상에 대한 돌파구를 찾지 못해 딜레마에 빠짐으로써 영적 현상은 기피하고 믿음만을 강조하는 형태가 현재의 상태다.

이러한 형태를 갖추게 된 배경의 하나가 윤 율리아나의 성체 사기 사건이다. 로마 교황청까지 관심을 보인 윤 율리아나의 사기 사건은 한국 가톨릭 교계의 권위 실추로 이어졌고 이에 자극받은 한국의 가톨릭은 영적 현상을 기피하는 것을 원칙으로 하는 방침을 굳혔던 것이다.

영적 현상을 기피하는 상태에서 믿음을 강조하는 형태이다 보니 교회 운영 체제는 기운이 삽입되는 요소는 고의로 배척하는 형태가 됨에 따라 "기에 심취되는 것은 위험하다.", "명상은 도움은 될 수 있어도 절대적인 것은 못 된다."는 자세를 취하고, 그러다 보니 동원될 수 있는 수단이란 말밖에 없음에 따라 말 위주의 믿음을 강조하는 체제가 한국 천주교의 현 위치다.

따라서 한국의 천주교의 위치는 성령이 넘치는 교회, 은혜가 넘치는 교회 같은 무엇인가의 알 수 없는 기운을 기치로 내거는 개신교 체제와는 다른 체제가 됨에 따라 같은 기독교이지만 개신교 체제와는 믿음 체제가 다른 체제인 것으로 분류될 수 있는 것이다.

즉 무엇인가의 기운에 휘둘리는 단체는 아니지만 신천지나 여호와의 증인 같이 말장난 하는 단체로 분류될 수 있다는 것이고, 하는 말이 간사하다는 것이 한국 천주교에 주어진 화라는 것이다.

신과 나눈 이야기에 언급되는 가톨릭 관련 대화는 가톨릭 죄악사와 함께 가톨릭 실세들의 행위의 부당성을 말하는데 초점이 맞추어져 있는 대화였고, 그 부당한 모습이 말 위주로 나타나는 곳이 한국의 천주교이므로 한국의 가톨릭의 정체는 뱀이라는 것을 말하는 것으로 첫 번째 화는 막을 내렸다는 것이고,

<u>첫째 화는 지나갔으나 보라 아직도 이후에 화 둘이 이르리로다</u>는 가톨릭이 뱀의 세력임을 밝힌 것과 같은 형태로 정체를 밝히는 문제가 앞으로도 두 가지가 더 남아 있다는 얘기다.

여섯째 나팔

신과 나눈 이야기는 나팔로 적용되지 않는 지역에서는 깨어라 성 가르침으로 끝나는 문제였지만 나팔로 적용되는 지역에서는 무저갱의 사자가 황충 들의 임금이다라는 식으로 사람들의 깨어남에 방해 공작을 펼친 대가로 주어진 화의 의미도 가지고 있었다. 무저갱의 사자가 황충 들의 임금이다 소리의 의미는 곧 한국 가톨릭 교회의 폐쇄 필요를 의미한다.

그런데 사람들의 깨어남을 방해한 종교 단체가 가톨릭뿐이랴. 가톨릭보다 더 심한 단체로 개신교가 존재한다. 가톨릭이 열린 문이라면 개신교는 블랙 홀 형태로 사람들을 어둠으로 몰아넣는다. 당연히 폐쇄 대상이다. 아직 두 가지 더 남아 있는 화가 개신교로 갈 것은 자명한 일.

선택된 존재인 한국인들에게 모양을 바꾸어가며 한국의 개신교 폐쇄의

필요성을 말한 대중적으로 주어진 가르침이 바로 여섯 째 나팔로서 『예수 그리스도의 충격 메시지』였다.

나는 여러분의 죄를 덮어쓰려고 온 존재가 아니라는 예수님의 말씀은 대속론으로 밥 먹고 살던 개신교 목회자들에게는 밥 줄 끊어 놓는 고약한 소리다.

신천지가 문제가 아니라 너희들이 문제다, 사돈 남 말 하고 자빠졌다 식의 『예수 그리스도의 충격 메시지』는 나팔의 의미가 적용되지 않는 지역에서는 가르침의 기능으로 만족했지만, 사람들의 깨어남에 대한 방해 책임을 물을 수 있는 지역에서는 종교 단체의 폐쇄의 필요성을 말한 화로 작용한 것이다.

다섯 번째 나팔은 가톨릭 세력의 정체가 뱀이라는 것을 밝히는 것이었다면, 여섯 번째 나팔은 한국의 개신교 세력의 정체는 용龍이라는 것을 밝히는 것이었다.

성령 또는 은혜로 여겨지는 기이함을 느끼게 하는 기운에 의존하는 개신교계의 신앙 체제에 대한 부당성, 저급 영적 현상을 성령으로 포장하는 체제에 대한 타격이 『예수 그리스도의 충격 메시지』였던 것이다.

누가 보아도 저질이 분명한 영적 현상에 대해 성령을 적용시킬 수 없다는 이유로 한국의 가톨릭은 성령을 말하는 체제 하에서도 영적 현상 기피 체제로 들어갔지만, 개신교 세력은 저급 영적 현상도 성령으로 포장하는 체제였기 때문에 제거 대상이 아니래야 아닐 수 없었다.

대속론이 교회 유지에 효율적임을 인식한 개신교 실세들의 대속론 유지 체제는 가톨릭이 보이는 원죄론 유지 체제와 같은 형태이거니와, 가톨릭이 기피하는 용龍도 수용하는 체제였기 때문에 개신교 신앙 체제는 제거되지 않으면 안 되는 체제였던 것이다.

말의 간사함보다도 더 심각한 용의 휘두름에 놀아나는 체제는 필히 제거되어야 함에 따라 『예수 그리스도의 충격 메시지』는 개신교 세력의 성령이 넘치는 교회, 은혜가 넘치는 교회 같은 무엇인가의 기운을 기치로 내거는 배후는 용이라는 점을 지적한 메시지였던 것이다.

이로써 세 가지 화 중 가톨릭과 개신교에 주어진 화로 두 가지 화는 이루어진 것이고, 한국의 종교 단체에 주어질 화는 아직 하나가 더 남아 있다.

마귀魔鬼에 해당되는 존재들에 대해 가해지는 화다. 그 화를 말하는 부분이 요한 계시록 9장 20절 과 21절이다.

9장 20 절

<u>이 재앙에 죽지 않고 남은 사람들은 그 손으로 행하는 일을 회개치 아니하고 오히려 여러 귀신과 또는 보거나 듣거나 다니거나 하지 못하는 금, 은, 동과 목석의 우상에게 절하고</u>

21 절

<u>또 그 살인과 복술과 음행과 도적질을 회개치 아니하더라</u>

이 부분에 해당되는 존재들에게 주어진 화가 2009년에 출간된 『신과 집으로』다. 『신과 집으로』 역시 나팔의 의미가 성립하지 않는 지역에서는 시공간 이해에 중점을 둔 가르침이었지만 나팔의 의미가 적용되는 지역에서는 귀신과 접하고 금 은 동 목석의 우상에 절하는 단체들에 대한 화로 작용한 메시지였던 것이다.

이 재앙에 죽지 않고 남은 사람들(나는 가톨릭 신자도 아니고 개신교 신자도 아니기 때문에 화의 대상이 아니라고 생각하는 자들)에게 주어지는 화 형태로 『신과 집으로』는 다음과 같이 시작한다.

「신 없이 살거나 죽기는 불가능하지만, 너희가 그러고 있다고 생각하기는 불가능하지 않다. 만일 너희가 신 없이 살거나 죽는다고 여기면 너희는 그런 경험을 할 것이다. 너희는 원하는 한 얼마든지 그런 경험을 할 수 있고, 선택하면 언제든지 그런 경험을 끝낼 수 있다.」

이렇게 첫마디부터 신 없이 살거나 죽기는 불가능하다라고 함으로써 신을 굳이 필요로 하지 않는다는 형태로 여러 귀신과 접하거나 금, 은, 동과 목석의 우상에 절하는 존재들이 그 살인과 복술과 음행과 도적질을 회개치 않기 때문에 둘째 화 이후 주어진 셋째 화가 『신과 집으로』인 것이다.

천주교와 개신교를 대상으로 하는 화인 두 번의 화의 대상이 아니라고 생각하는 자들에 대한 회개 시간으로 6년의 간격을 두고 2009년에 『신과 집으로』가 주어짐으로써 여섯 나팔과 세 번의 화가 모두 완료된 것이다.

셋째 화의 대상은 비단 불교계만이 아니라 마귀에 해당하는 자 모두에 적용된다는 점은 다음의 예로 말할 수 있다. 이를테면 수선재 원장이라는 자는 다음과 같은 말을 한다.

「선계 수련은 따로 신을 찾지 않고 내 자신이 선인의 반열에 올라 아무것도 필요 없는 상태 즉 신에게 여쭈어 보아야 아는 것이 아니라 내가 스스로 본성을 만나고 깨쳐서 모든 것을 아는 것을 지향합니다.」

이와 같이 신을 찾지 않아도 된다, 굳이 신을 필요로 하지 않는다는 말을 공공연히 하는 존재는 마귀에 해당되는 존재이기 때문에 제거되어야 하는 존재라는 의미로 『신과 집으로』는 첫마디부터 <u>신 없이 살거나 죽기는 불</u>가능하지만, 너희가 그러고 있다고 생각하기는 불가능하지 않다는 것을 말하는 것부터 시작하는 것으로 알 필요가 있다.

불교계뿐만 아니라 굳이 신을 필요로 하지 않는 상황의 존재라면 모두 제거 대상이라는 것이 『신과 집으로』의 겉으로 드러나지 않는 엄포인 것이다.

이상, 한국의 종교 단체에 주어진 화의 모습을 보았다. 한국 종교단체에 주어진 화란 곧 폐쇄 조치 실행에 대한 정당성을 의미한다.

하늘로부터 주어진 가르침의 전체적인 모양은 『센트럴 선 메시지』까지를 통해 한국인들이 처해있는 위치의 중요성을 인식시킨 다음 다섯째 나팔, 여섯째 나팔을 통한 한국 종교 단체의 폐쇄의 필요성을 말하는 것으로 마감하는 모양이었던 것이다.

이와 같이 선택된 존재들인 한국 사람들에게 대중적으로 주어진 하늘로부터의 가르침에 의한다면 한국의 3대 종교 폐쇄가 하늘의 요구라는 점을 인식할 문제이며 첫 나팔이 제시한대로 진심으로 하나님을 구함으로서 힘을 받아 지구 문제를 해결하는 것으로부터 대응관계에 놓인 우주 문제를 해결할 길을 의식할 문제다.

03
일곱째 나팔

　계시록에 의하면 일곱째 나팔은 하나님의 비밀이 그 종 선지자들에게 전하신 복음과 같이 이루어져야 하는 나팔이고, 많은 백성과 나라와 방언과 임금에게 다시 예언해야 하는 나팔이다.

　천사는 영계의 존재이기 때문에 물질계에 나팔이 불어지려면 물질계의 어떤 존재가 나팔수로 선택되어야 하는 것이다.

　물질계의 존재가 선택되는 과정이 어떠한 모양으로 기록되어 있는가를 보도록 하자. 일곱째 나팔에 관련된 기록은 요한 계시록 10장에 다음과 같이 기술되어 있다.

요한 계시록 10장 1절

내가 또 보니 힘 센 다른 천사가 구름을 입고 하늘에서 내려오는데 그 머리 위에 무지개가 있고 그 얼굴은 해 같고 그 발은 불기둥 같으며

2절

그 손에 펴 놓인 작은 책을 들고 오른 발은 바다를 밟고 왼발은 땅을 밟고

3절

사자의 부르짖는 것 같이 큰 소리로 외치니 외칠 때에 일곱 우레가 그 소리를 발하더라

4절

일곱 우뢰가 발할 때에 내가 기록하려고 하다가 곧 들으니 하늘에서 소리 나서 말하기를 일곱 우뢰가 발한 것을 인봉하고 기록하지 말라 하더라

5절

내가 본 바 바다와 땅을 밟고 있는 천사가 하늘을 향하여 오른손을 들고

6절

세세토록 살아계신 자 곧 하늘과 그 가운데 있는 물건이며 땅과 그 가운데 있는 물건이며 바다와 그 가운데 있는 물건을 창조하신 이를 가리켜 맹세하여 가로되 지체하지 아니 하리니

7절

일곱째 천사가 소리 내는 날 그 나팔을 불게 될 때에 하나님의 비밀이 그 종 선지자들에게 전하신 복음과 같이 이루리라

8절

하늘에서 나서 내게 들리던 음성이 또 내게 말하여 가로되 네가 가서 바다와 땅을 밟고 선 천사의 손에 펴 놓인 책을 가지라 하기로

9절

내가 천사에게 나아가 작은 책을 달라 한즉 천사가 가로되 갖다먹어 버리라 네 배에서는 쓰나 네 입에는 꿀같이 달리라 하기로

10절

내가 천사의 손에서 작은 책을 갖다 먹어 버리니 내 입에는 꿀 같이 다나 먹은 후에 내 배에서는 쓰게 되더라

11절

저가 내게 말하기를 네가 많은 백성과 나라와 방언과 임금에게 다시 예언하여야 하리라 하더라

이상이 물질계에서의 일곱째 나팔에 관련된 문제를 다룬 10장이다. 이에 대한 해설을 보도록 하자.

성경 상으로 바다는 세상이고 땅은 하늘에 상대되는 개념으로 종교계를 의미하는 것이므로 먼저 번 여섯 천사와는 다른 천사로서 일곱째 천사가 손에 작은 책을 들고 오른 발은 바다를 밟고 왼발은 땅을 밟고 서 있다는 것은 일곱째 천사는 일반 세상과 종교계 양쪽에 영향력을 행사할 수 있

는 자라는 의미다. 이런 자가 하나님의 일을 진행하는데 지체치 않도록 맹세했다는 것이고, 그 맹세는 손에 펴 놓인 작은 책에 근거한다는 것이다.

그런데 하늘에서 소리가 나서 천사의 책을 가지라 하기로 천사에게 책을 달라 한즉 먹어 버리라 네 배에서는 쓰나 네 입에는 꿀같이 달리라 하기로 작은 책을 먹어 버리니 입에는 꿀 같이 다나 먹은 후에 배에서는 쓰게 되더라는 것은 책을 받아먹을 때는 좋았지만 받아먹고 나서 보니 어려운 임무가 있겠구나 하고 배가 쓰게 되도록 걱정되더라는 것이다.

아니나 달라 저(일곱째 천사)가 내게 말하기를 네(요한이 아닌 물질계의 나팔수를 의미한다)가 많은 백성과 나라와 방언과 임금에게 다시 예언하여야 하리라 하더라 상태로 어려운 일을 시키더라는 것이다.

요한에게 일곱째 천사가 말하기를 물질계의 어떤 존재에게 누가 시켜서가 아니라 자기가 하는 것으로 착각하도록 네가 많은 백성과 방언과 나라와 임금에게 다시 예언하여야 하리라 상태로 만들라고 하니(하더라) 배가 쓰도록 걱정되는 문제라는 얘기다. 이 부분에 대한 해석이 이렇게 되어야 하는 것은 영계와 물질계라는 계 차이만 인식한다면 이해가 어려운 부분이 아니다.

많은 백성과 나라와 방언과 임금에게 다시 예언하는 문제에서 네가 라는 존재가 요한이라고 해석하는 것 즉 요한이 예언을 직접 한다고 해석하는 것은

-2000년 전의 육체상으로 해야 한다는 것이 되어, 타임머신을 타고 오기 전에야 시공간상으로 안 맞고,

-영계와 물질계라는 계의 이질성 상 안 맞고, (요한은 현 시점에서는 영계의 존

재이므로 네가 라는 존재가 요한이라면 사람들이 영 능력자들이 아닌 이상 요한이 예언을 한들 의미를 가지지 못한다.)

　-일곱째 천사가 소리 내는 날 그 나팔을 불게 될 때에 하나님의 비밀이 그 종 선지자들에게 전하신 복음과 같이 이루리라에서 하나님의 비밀을 전해 받은 선지자 중에 한 존재가 있어야 할 것이 빠지게 되므로 안 맞고,

　-하나님의 비밀을 전해 받은 물질계의 선지자 중에 한 존재를 선택해 네가 다시 예언하여야 하리라 상태로 만들라고 하더라 라는 어려운 임무이었기 때문에 배가 쓰게 되더라는 요한의 불만 토로 상황에 안 맞는다.

　이렇게 10장 상 만으로 보아도 요한이 직접 예언 한다고 하는 것은 상황에 안 맞는 몇 가지를 지적할 수 있는데, 9장 4절에서 하나님의 인 맞지 아니한 사람들만 해하라 하시더라에서 해하라 의 크기가 작은 것, 그리고 10장 11절에서 다시 예언 하여야 하리라 하더라에서 하여야 하리라 의 크기가 작은 것의 의미는 어떤 존재가 어떤 존재를 조종하라는 의미다.

　작은 글자가 조종의 의미로 파악되면 작은 크기의 하여야 하리라 의 의미는 요한이 물질계의 어떤 존재를 자기가 하도록 시킨다는 의미다. 이 같은 해석상으로 본다면 요한은 천사로부터 물질계의 어떤 존재에게 나팔 불도록 시킬 것을 명령받은 상태이기 때문에 물질계에서의 일곱째 나팔은 사실상 요한이 부는 것이며 나팔수는 요한의 의도를 대필하는 형태가 되는 것이다. 자기가 부는 것으로 착각하면서.

　나팔이 소리 내는 형태는 하나님의 비밀이 전해진 책에 근거한다. 하나님의 비밀이 전해진 책은 가르침을 준 주어진 서적이다.

고로 일곱째 나팔은 새로운 가르침이 아니라 기존의 주어진 가르침에 근거하는 한국인들에 대한 변혁을 실행에 옮기도록 할 것에 대한 대중적인 요구다.

앞의 여섯 나팔은 나팔수의 의지에 관계없이 하늘로부터 일방적으로 주어지는 것이었지만 일곱째 나팔은 가르침을 받은 피조물이 깨어남에 따르는 공동창조주 의식 형성으로 인한 우주 변혁 문제에의 자발적인 참여라는 것.

신과 나눈 이야기 시리즈 『신과 나눈 우정』은 신에게 접근하는 방법으로 1. 신을 알고, 2. 신을 믿고, 3. 신을 사랑하고, 4. 신을 껴안고, 5. 신을 활용하고, 6. 신을 돕고, 7. 신에게 감사하라고 말한다. 이러한 메시지는 신이 하고자 하는 의도를 알고, 그것이 실제로 가능할 수 있음을 믿고, 신과 피조물은 하나라는 의식 하에 신에게 힘을 구하는 형태로 신을 활용하여 신을 도우려하는 공동 창조주의 모습을 보여야 할 것을 말한 메시지였던 것이다.

일곱 째 나팔은 네가 많은 백성과 나라와 방언과 임금에게 다시 예언하여야 하리라 하더라로 되어 있는 만큼 예언이 큰 비중을 차지하는 나팔인데, 다시 예언하라는 의미는 무엇인가를 반복하라는 의미가 아니라 이미 예언되어 있는 것이지만 난해해서 모르고 있는 것을 다시 예언하라는 의미다.

앞에서 말했듯이 성경 상의 나팔은 국지성을 띠어야 하는 것인 만큼, 무엇인가를 다시 예언하는 데에서 지역적 특성에 맞는 형태로 기존에 존재하

는 예언을 다시 예언해야 하는 것이 일곱 째 나팔의 예언이어야 한다면 일
곱 째 나팔이 다루는 예언이란 정감록과 격암유록이 되리라는 것은 한국
사람이라면 어렵지 않게 생각될 수 있는 부분이다.

04
일곱째 나팔의
예언

격암유록의 말운론과 정감록의 연결성에 대한 해설

격암유록의 말운론과 정감록은 소두무족小頭無足을 다룬다는 공통점이 있다. 공통점이 있는 만큼 이 두 가지 예언은 분리되어 있는 것이 아니라 연결되어 상호 보완 관계에 있다는 점에 대한 이해가 필요한 것이다.

아래에 보듯 정감록은 소두무족을 나를 죽이는 자로 취급하고 살 수 있는 방법으로 사답칠두락, 부금 냉금 종금이라는 행동 요령을 제시한다.

살아자수 소두무족 신부지	殺我者誰　小頭無足　神不知
활아자수 사답칠두락	活我者誰　寺畓七斗落
부금 냉금 종금	浮金　冷金　從金
엄택곡부 삼인일석	奄宅曲阜　三人一夕
이재전전 도하지	利在田田　道下止

이점의 이해를 위해서는 소두무족이 무엇이기에 나를 죽이는 자가 되는 것인가를 파악할 필요가 있다.

정감록이 적용되어 온 역사적 사실이 그러하듯이 나를 살리는 자가 사답칠두락이라는 점의 파악 문제와 부금 냉금 종금과 같은 행동요령 제시에 대한 파악 문제는 모든 사람들에게 공통적으로 적용되는 객관적인 사항이라는 점이다.

모든 사람들에게 공통적으로 적용되어야 한다는 객관성 문제는 특정한 단체의 특정한 사고방식이라는 주관성이 요구되는 문제가 아님이 파악될 일이라고 할 때, 정감록이 제시하는 행동요령에 대한 파악 문제는 시대적 환경에 대한 파악 문제가 되는 것이다.

시대적 환경이 어떠한 환경이기에 부금 냉금 종금과 같은 행동요령이 제시되는가가 파악되어야 살 수 있는 길로 갈 수 있다는 것이다.

시대적 상황 파악문제는 엄택곡부 삼인일석奄宅曲阜 三人一夕 이재전전 도하지利在田田 道下止 같은 개개인의 노력이 뒷받침 되어주어야 하는 사항이지만 소두무족이 무엇이기에 나를 죽이는 자가 되는 것인가와 같은 죽이는 원인에 대한 문제 파악은 격암유록의 말운론 해석에서 도출될 수 있는 문제로서 격암유록의 예언에 대한 이해는 살 수 있는 방법의 중요한 지침이 되는 것이다.

그런데, 시중에 유포되어 있는 격암유록은 필사자에 의해 첨가된 부분이 있는 위서라는 증언이 존재하는 바 격암유록을 대하는 문제는 주의가 요구되는 문제다.

격암유록은 필사 당시 한자漢字로만 작성되었을 뿐, 한글은 없었는데 3자에게로 넘어간 후 한글이 포함된 형태로 변했다는 증언에 의하면 한글이 첨가된 부분은 무시될 필요가 있고, 이에 따라 한자로 된 부분만이 유효한 것으로 보는 가운데, 해석 상에 객관성이 결여된 부분은 첨가된 부분으로 보고 버려야 하는 점을 격암유록을 대하는 자세라 할 수 있다.

객관성이 결여된 부분부터는 필사자가 첨가한 부분으로 판단할 일이라는 버려야 할 부분이 존재함에도 격암유록을 예언서다운 예언서로 다루어야 하는 이유는 시공간을 꿰뚫는 정확함에 있다.

시공간을 꿰뚫는 정확함은 현재 공간에서의 정치, 종교 등의 사회 여러 상황과 부합되는 모양에서 나타난다.

어떤 점이 부합되는 점인가는 차츰 알아보도록 한다.

말운론에서의 특징은 소두무족小頭無足의 비화락지飛火落地라는 부분인데 소두무족의 비화락지 라는 상황 자체는 사람을 죽일 수도, 살릴 수도 있는 권위를 가진 무엇인가의 상태라고 하는 점을 이해하는 데에서 정감록의 살아자수殺我者誰 소두무족小頭無足 신부지神不知의 의미를 알 수 있는 것이다.

소두무족이란 나를 죽이는 자이고, 그것이 신임을 모른다는 소리는 불같이 날아 떨어지는 소두무족이라는 무엇인가가 신으로부터 주어졌는데 주어졌다는 사실을 모르고 받지 못할 경우 죽음으로 내몰린다는 소리가 되는 것이다

그렇다면 소두무족의 비화락지 라는 상황은 어떠한 상황이고, 소두무족이 무엇을 의미하는 단어인가는 짐작이 갈 것이다.

소두무족의 비화락지 라는 상황은 생명에 영향을 미치는 상황이라는 것
이고, 소두무족이라는 자체는 생명줄을 거머쥔 핵이라는 것이다. 이러한
점에 대한 이해가 있다면 소두무족의 비화락지 라는 상황은 사람들에게
각성을 요구하는 가르침이 신으로부터 주어진 상태라는 점을 인식할 수 있
는 문제가 되는 것이다.

사람들에게 각성을 요구하는 가르침이 주어진 상태를 성경적으로 말한
다면 천사가 분 나팔이 되는 것이고, 영성계 표현을 빌린다면 신격 존재로
부터의 가르침이 되는 것에 따라 말운론에 언급되는 소두무족 비화락지라
는 상황은 종교계에 대한 정리 도구가 될 수 있는 재앙을 몰고 오는 천사가
부는 나팔이며 변혁을 요구하는 하늘로부터 주어진 가르침이 되는 것이다.

소두무족의 비화락지의 의미가 이런 형태라는 것으로 파악되었을 때 말
운론 해석이 가능한 것인데, 말운론이 다루는 말세의 상황은 소두무족이
비화락지 하는 과정중의 상황과, 끝난 다음의 상황으로 나뉜다는 점을 알
필요가 있다.

격암유록의 말운론은 다음과 같이 기술되어 있다.

嗚呼悲哉聖壽何短林出之人怨無心小頭無足飛火落地混沌之世天下聚
오호비재성수하단림출지인원무심소두무족비화락지혼돈지세천하취
合此世界千祖一孫哀嗟呼柿護者生衆護者死隱居密室生活計弓弓乙乙
합차세계천조일손애차호시모자생중모자사은거밀실생활계궁궁을을
避亂國隨時大變彼枝此枝鳥不離枝龍蛇魔動三八相隔黑霧漲天秋風如

피난국수시대변피지차지조불리지용사마동삼팔상격혹무창천추풍여

落彼克此負十室混沌四年何生兵火往來何日休劫人來詳解知祭堂彼奪

락피극차부십실혼돈사년하생병화왕래하일휴겁인래상해지제당피탈

此散隱居聖壽何短可憐人生

차산은거성수하단가련인생

여기까지가 소두무족이 비화락지(=하늘로부터 주어지는) 과정 중의 상황이
고, 그 다음으로 이어지는 말세성군용천박末世聖君湧天朴부터가 소두무족
이 주어지는 것이 끝난 후의 상황이다.

末世聖君湧天朴獸衆出人變心化獄苦不忍逆天時善生惡死審判日死中

말세성군용천박수중출인변심화옥고불인역천시선생악사심판일사중

求生有福者是亦何運林將軍出運也天定此運亦悲運十二神人各率神兵

구생유복자시역하운임장군출운야천정차운역비운십이신인각솔신병

當數一二先定此數一四四之全田之數新天新地別天地先擇之人不受皆

당수일이선정차수일사사지전전지수신천신지별천지선택지인불수개

福中擇之人受福之人后入之人不福亡用中生涯抱琴聲淸歌一曲灑精神

복중택지인수복지인후입지인불복망용중생애포금성청가일곡쇄정신

勿思十處十勝地獨利在弓弓間申酉兵四起戌亥人多死寅卯事可知辰巳

물사십처십승지독리재궁궁간신유병사기술해인다사인묘사가지진사

聖人出午未樂堂堂

성인출오미락당당

여기까지가 한국에서의 상황이고, 말운론은 소두무족의 비화락지 상황
이 한국만의 상황이 아니라는 점을 언급하는데, 서양에서의 상황으로는

소두무족비화락지은거밀실의천병小頭無足飛火落地隱居密室依天兵　소두무족이 천병에 의해 은거밀실에 비화락지 하는데,

……중략……

~ 不知三聖無福嘆此運西之心~부지삼성무복탄차운서지심

~을 알지 못하고 삼성무복을 탄식하는 것 이러한 운이 서쪽 사람들의 마음 상태다 로 기술되어 있다.

서쪽 상황을 말하는 부분에서 인천과 부천 사이가 언급되고, 열방호접견광래列邦蝴蝶見光來 열방이 빛을 보기 위해 나비같이 날아온다. 화멸지후생지집합합지운만수지음정씨여민火滅之後生之集合合之運滿數之飮鄭氏黎民　화멸 당한 후 살기위한 집단이 합치는 운인데 정도령(박태선을 지칭하는 정씨) 여명하의 백성들은 살 수 있는 방법을 풍부한 형태로 제공받을 수 있다.식으로 표현된 부분 이하 부분은 신앙촌 선전 부분으로 판단할 필요가 있고, 서양의 상황은 알 필요가 없다는 점으로 이 글에서는 한국의 상황을 해설의 초점으로 한다.

말운론 해설은 소두무족의 비화락지 완료 전과 후로 나누어야 하는데 완료 전의 해설은 아래와 같이 할 수 있다.

오호비재성수하단嗚呼悲哉聖壽何短

림林

출지인出之人

원무심怨無心

嗚呼悲哉聖壽何短 (오호 비재라 성스러운 목숨들이 어찌 그리 짧더란 말인가)

-왜 슬프냐?

많은 사람들이 죽어나가니까 슬프다

-그래서 남사고가 보기에

林(많은 사람들에게)

出之人(보낸 사람의)

怨無心(무심함이 원망스럽도다)

-그러면 많은 사람들에게 무엇을 보냈을까?

그 다음이 小頭無足이니까 소두무족을 보냈다는 것인데, 여기서 소두무족이란 무엇인가의 문제는 소두무족의 정체를 피지차지조불리지彼枝此枝鳥不離枝로 표현한 부분을 통해 파악될 수 있다. 피지차지조불리지라는 부분을 통해 소두무족이란 소수의 머리를 상대로 하는 발 없는 것으로서 하늘로부터 주어지는 말(깨어라 성 말)이라는 것으로 해석된다는 것을 말할 수 있겠는데, 소두무족이 이렇게 해석될 수 있음에 대한 설명은 바로 뒤에 나오니까 금방 알 수 있다.

그 다음이 飛火落地 混沌之世 天下聚合此世界이니까 비화락지飛火落地(소두무족이 불같이 날아서 땅에 떨어진다는 것인데,) 언제 떨어지느냐 라는 시공간 지적 문제에서 혼돈지세混沌之世에 떨어진다는 것을 말한다.

-왜 떨어지느냐?

천하취합차세계, 天下聚合此世界 (이 세계에의 천하를 끌어 모으기 위해서 떨어진다는 것이다.)

그 다음이 천조일손애차호天祖一孫哀嗟呼이니까 다 끌어 모아 보아야 천 명의 조상에 한명의 자손꼴이다 라는 얘기인데, 말운론은 계속해서 소두무족이 비화락지하는 상태와 시기, 상황 등의 문제에 대해 다음과 같이 묘사한다.

소두무족이 비화락지하는 시기인 혼돈지세에 사는 어떤 존재가 있을 것인데, 그 존재가 시모자생중모자사 柿謨者生衆謨者死(소두무족을 받아먹고 감이 될 것을 꾀하는 자는 살고, 받아먹지 않거나 거부하고 기존의 방식대로 대중 앞에 나설 것을 꾀하는 자는 죽는다)라고 소두무족이 떨어진 결과를 얘기하는 상태다.

이렇게 결과를 말한 다음에 말하는 것은 소두무족이 떨어지는 장소와 소두무족이 어떠한 형태로 떨어지느냐에 대한 설명이다.

소두무족이 떨어지는 장소는 은거밀실이다. 은거밀실생활계隱居密室生活計(은거밀실에 살 수 있는 방법이 있다) 이 대목의 의미는 소수의 깬 사람만 안다는 의미다. 그리고 소두무족이 떨어지는 형태는 수시로 변한다.

궁궁을을피난국수시대변弓弓乙乙避亂國隨時大變(진리로 피난할수 있는 나라의 형태는 수시로 크게 변한다) 이 대목의 의미는 비화락지 하는 소두무족의 종류가 여러 가지인데, 종류마다 크게 다르다는 의미다.

어떠한 상태로 다른가는 다음과 같이 말해지고 있다.

피지차지조불리지 彼枝此枝鳥不離枝 (저런 가지 이런 가지 형태의 새(짹짹이=말=나팔)는 떨어지는 가지가 아니라 다 연결되는 가지다)를 말함으로써 소두무족은 새가 지저귀는 소리다. 즉 소두무족은 말이다.

그런데 그 말은 전부 연줄연줄 연결 되어있는 말이라는 것으로 소두무족을 정의하는데, 이와 같이 격암유록은 소두무족의 정체를 감柿나무가 되고자 하는 자의 은거밀실에 수시대변 형태로 날아드는 살 수 있는 방법을 가르쳐주는 말인데 다 다르지만 연결되는 말이라는 것으로 정의한다.

소두무족의 이 같은 정의는 처음에 주어진 것부터 마지막에 주어진 것까지 연줄연줄 연결되어 있는 말이 아니면 소두무족으로 작용하지 않는다는 것이므로 말세에 나돌아 다니는 말 중 연줄연줄 연결되어 있지 않는 말은 살 수 있는 방법을 가르쳐 주는 말이 아니라는 것이므로 위험한 정보로 판단할 일이라는 것이다.

해, 달, 별로 자처하는 정보, 즉 창조주 도용 정보, 대천사, 천사 도용 정보, 우호적임을 표방하는 외계로부터의 정보는 주의를 요한다는 것이다. 근본의식이 밝힌 우주 구조에 위배되는 우주 모형 제시 정보는 혼란 조장용으로 판단할 일이라는 것이며 그러한 안목을 갖출 수 있게끔 한 가르침이 넷째 나팔인 『센트럴 선 메시지』였다는 것이다.

이렇게 소두무족이 어떠한 형태로 비화락지 하느냐에 대한 설명이 있고 난 다음에 있는 것은 혼돈지세에 대한 시공간적 상황에 대한 설명이다.
말운론은 혼돈지세에 어떠한 상황이 벌어지고 있는가에 대한 시공간적 상황 설명을 다음과 같이 언급한다.
용사마동龍蛇魔動 삼팔상격흑무창천三八相隔黑霧漲天 추풍여락秋風如落 그리고 그 결과로 피극차부彼克此負 십실혼돈十室混沌을 말하고 사년하생四年何生을 말한다.

이 묘사에 대한 해석은 다음과 같이 할 수 있다.

龍蛇魔動 (혼돈 시대의 종교나 정신계에는 용사마가 날뛰고 있는 상태이고) 三八相隔 黑霧漲天 (혼돈 시대에 정치하는 자들은 삼팔선을 사이에 두고 남북 간에 멀리하는 체제를 서로 간에 행하도록 하는 하늘에 창궐한 검은 안개 기운에) 秋風如落(가을바람처럼 떨어지는=놀아나고 조종당하는) 상태가 혼돈지세라는 것이다.

말운론은 계속해서 용사마가 날뛰는 상태가 계속되고, 삼팔선을 사이에 두고 남북 간에 서로 멀리하도록 하는 하늘에 가득한(=막강한 영향력의) 검은 안개의 정체가 뭔지도 모르고 놀아나고 조종당하는 상태가 계속된다면 다음에 언급되는 상태가 나타난다는 것을 말하고 있다.

피극차부彼克此負(사람들에게 (3인칭 대명사 피) 극복해야 하는 당장此 닥치는 어려운 부담이 몰아치는 상태와) 십실혼돈＋室混沌 (어떤 형태로든 십이 있는 집의 혼돈=종교적 가치관이 죄다 붕괴되는 상황이 됨으로써 사회적 배경이 온통 망가지는 세상이 되어 사람이 죄다 죽게 되는 것이) 사년하생四年何生 (사년을 어찌 살리오 길어봐야 사년이다 라는 얘기다)

말운론은 사년 안에 죄다 망가지는 과정으로 병화왕래하일휴兵火往來何日休 겁인래상해劫人來祥解 지제당知祭堂을 말하고, 그 결과로 피탈차산은거彼奪此散隱居 사가로상四街路上을 말한다. 그리고 그러한 상황이 성수하단聖壽何短 가련인생可憐人生임을 말한다.

이 부분에 대한 해설은 다음과 같다.

兵火往來何日休(언제 끝날 줄 모르는 군대와 화포가 왔다 갔다 하는 일이 있은 다음에)

劫人來祥解(이 미련한 자식들아 너희가 왜 싸우는가를 알고나 싸우는 거냐를 일러줄만한 모든 상황을 상세히 설명해 줄 수 있는 하늘에서 왔던 지옥에서 왔던 하여튼 온 위협적인 존재의) 知祭堂(지제당을 통해 알게 되고 제사를 지내주고 등의 야단법석을 떨고 나면) 彼奪此散隱居(사람들은(3인칭 대명사 피)맥 빠지는 탈진한 상태가 되고 그래서(접속사 차) 사람이 사는 형태는 뿔뿔이 헤어져서 은거하는 형태가 되는데)

-어디에서?

四街路上(사거리 같은 길 위에서), 그러다가 사년 안에 죄다 죽어 간다는 것이다. 소수의 깨어난 머리가 아닌 사람들은 聖壽何短(성스로운 고귀한 목숨들이 어찌 그리도 짧더란 말인가) 可憐人生(가히 불쌍한 인생들이로다)로 연결되니까 이렇게 된 결과가 천명의 조상에 한명의 자손만 살아남는 애통한 상태인 천조일손 애차호 千祖一孫哀嗟呼 라는 것이다.

예언된 상태가 이렇다는 것을 알고 현 시점에서 다른 시공간으로 들어갈 것을 선택한다면 그런 시공간으로 들어가지 않을 수 있다는 것이므로 필자가 말하고자 하는 것은 예언된 시공간이 이러한 모양이라면 현 시점에서 시공간 방향 전환을 시도함으로써 천조일손애차호 시공간에 이르지 말아야 한다는 것이다.

예언이라는 것은 어디까지나 예언인 만큼 예언된 시공간을 피하면 다른 시공간과 접하게 된다는 것은 신과 나눈 이야기의 가르침인 만큼, 우리가 어떤 시공간을 선택하느냐에 따라 천조일손애차호 시공간이 아닌 다른 시공간으로 진입할 수 있다는 것이다.

『신과 집으로』가 말하는 물질계와 영계를 왔다 갔다 하면서 나선상의 곡선을 그려가는 것으로 끝없이 진화하는 의식체 문제는 당장 발등에 불이 떨어진 현 시점에서는 도끼자루 썩어나가는 소리고, 당장 모면해야 할 과제는 천조일손애차호千祖一孫哀嗟呼 시공간으로 진입하는 것을 막는 문제다.

다른 시공간으로 들어가고자 한다면 예언된 시공간으로 진입하는 요인이 무엇인가를 알아야 하고, 그것을 대처할 수 있는 방법을 구상해 내야 한다는 것이다.

말운론은 천조일손애차호 시공간으로 들어가는 요인을 첫 번째로 용사마동龍蛇魔動을 말하고, 두 번째로 삼팔상격三八相隔 흑무창천黑霧漲天 추풍여락秋風如落을 말하므로 이 두 가지 요인에 대한 개선책을 마련해야 한다는 얘기가 되는 것이다.

여기서 용사마동이라는 것은 현재 정신계나 종교계에는 용 격이 되는 존재, 뱀 격이 되는 존재, 마귀 격이 되는 존재가 날뛰고 있다는 것을 말하는 것이고,

삼팔상격 흑무창천 추풍여락이라는 것은 남북 간에 서로 멀리하도록 하는 하늘에 가득 찬 검은 안개 기운이 가을바람에 낙엽 떨어지듯 떨어지고 있다는 것을 말하는 것이 되는 것인데, 여기서 삼팔상격三八相隔이 남한과 북한간의 격리로 해석되어야 하는 것은 격암유록이라는 자체가 시공간을 꿰뚫은 예언서라는 점이다.

흑무라는 것은 누군가의 못난이 적 존재가 꾸미는 좋지 못한 계획이라는 것의 비유라는 것을 알 수 있는 것이고, 하늘에 가득 찬 이라는 것은 막강한 영향력이라는 것의 비유 형태라는 것을 알 수 있다.

의도된 계획에 의거 무엇인가의 가지고 놀 수 있는 수단(추풍여락)을 동원해서 보통 사람들은 알 수 없는 교묘한 방법으로 남쪽은 남쪽대로 북쪽은

북쪽대로 서로 혐오감(삼팔상격)을 느끼도록 하는 치밀한 계획(흑무)이 막강한(창천) 상태로 있다는 것으로 파악해야 하는 예언인 것이다.

말운론이 지적하는 천조일손애차호 상태의 시공간으로 들어가는 요인의 하나가 용사마동이고, 또 하나의 요인이 놀아나지 않을 수 없는 뭔가의 막강한 영향력을 가지고 좋지 못한 계획을 시행하는 결과로 나타나는 것이 삼팔상격이라면 이것을 막아야 한다는 것이다. 그렇다면 龍蛇魔動 저지 문제는 어떤 문제이며, 三八相隔 저지 문제는 어떤 문제이겠는가?

용사마란 하나님에 대적하는 세력을 말하는 것인 바, 용사마동 저지 문제는 종교 문제가 되는 것이고, 삼팔상격 저지 문제는 정치 문제가 되는 것이다.

용사마가 날뛴다는 것은 용사마 격 되는 존재들이 사람들로 하여금 하나님에게로의 접근을 방해한다는 것이므로 용사마동 저지 방법은 용사마 격 존재들의 활동을 막는 방법이고, 삼팔상격흑무창천추풍여락 저지 문제는 남북 서로 간에 멀리하도록 하는 좋지 못한 계획에 놀아나고 조종당하는 존재들의 활동을 막는 방법이다.

이 두 가지 문제 해결 방법은 사실상 몰라서 안하고 있는 게 아니다, 알면서도 안하고 있는 것이다.

하나님 믿는다는 놈들 제대로 된 놈 한 놈 없다는 것 모르는 게 아니다. 또한 정치한다는 놈들 제대로 된 놈 한 놈 없다는 것 모르는 게 아니다. 알면서도 고치려 하지 않는 게 문제인 것이다.

불협화음을 안내면서 고치는 방법을 몰라서 그냥 넘어가고 있는 것이라고 한다면 그 방법은 신과 나눈 이야기라는 책에 제시되어 있다. 따라서 세상을 좀 더 좋게 고치려면 신나이 활동이 필요한 것이다.

그러나 신과 나눈 이야기라는 책은 종교계에서 금서 취급당하는 현실인데, 이러한 행위는 하나님에 맞서는 행위이며 대적하는 행위다. 이러한 행위는 교회 폐쇄 실행의 정당성을 부여한다.

하나님에 맞서고 대적하는 용사마격 존재들의 활동이 수그러들 기미를 보이지 않는 배경은 대중의 우매화다. 대중이 깨지 못하게 가로막은 대가로 얻은 것이 용사마들의 권위이며, 호위호식이다.

정치권 또한 갈수록 답답한 모양을 보이는 것이 현실이다. 대중의 우매화는 비열함의 바탕 하에 더러운 계산법으로 움직이는 정치권의 권세욕을 보장하며 그들의 도둑질을 부추긴다. 설사 그들의 설정이 인간이기를 접어 둔 도를 허문 설정이라 하더라도 대중의 우매화는 그러한 설정을 오래 가도록 한다.

이 같은 문제들은 몰라서 안하는 게 아니라 알면서도 안하는 데 문제가 있는 것이다. 정치권 문제의 해결 방법 역시 신과 나눈 이야기에 제시되어 있으므로 세상을 좀 더 좋은 상태로 바꾸려면 신나이 활동이 필요한 것이다.

이 같은 문제의 해결은 우리들의 몫이라는 점을 인식하도록 하고, 말운론 해설을 계속 보도록 하자.

하늘로부터 주어지는 가르침은 2009년의 『신과 집으로』를 끝으로 사실상의 종막을 고하고 세월은 흘러 흘러 어느덧 가르침을 받아 성장한 성군이 출현할 시기에 이른다.

말세성군 용천박末世聖君 湧天朴 말세에 성군이 하늘의 순수한 기운을 타고 용솟음치면(즉 말세에 성군이 출현하면)

수중출인 변심獸衆出人 變心 짐승의 무리에서 나온 사람은 마음 상태가 변한다. (짐승의 의미는 미성숙한 의식의 인간을 지칭하는 것임은 설명이 필요 없을 것이고, 그런 의식의 무리 가운데에서 나온 인간이 있고 그 인간은 마음 상태가 변한다는 것이다.)

-어떻게 변하느냐?-

화 옥고불인化 獄苦不忍 옥고불인 상태가 된다. (옥고불인 상태로 된다고 한 걸로 보아서는 짐승 가운데에서 난 인간에게 많은 심적 제제가 가해지는 모양)

역천시 선생악사逆天時 善生惡死 하늘이 바뀔 시기 즉 거꾸로 될 시기(逆자 뒤에 時라는 때가 나와 있으므로 逆자는 배반이라는 의미가 아니라 동사형으로 해석해야 하고 따라서 거꾸로 바뀔 시기로 해석 되어야 문맥상 옳다)에 는 선한 자는 살고 악한 자는 죽는다.

심판일 사중구생유복자審判日 死中求生有福者 심판일이 닥쳤을 때 많은 죽음이 있는 가운데 목숨을 구하는 자는 복이 있는 자다.

시역하운是亦何運 모든 것이 바르게 잡히는 운세는 어떠한 운세인가.

임장군출운야林將軍出運也 임장군이 출현하는 운이다(여기서 임장군의 의미는 많은 사람들로부터 추대 받는 사람이라는 의미다. 따라서 임장군의 의미는 사람들로부터 추대 받을 수밖에 없는 여건을 갖춘 자라는 뜻이 되는 것이며, 이와 같이 말운론은 하늘의 순수한 기운으로 용솟음치는 성군을 임장군으로 반복해 표현하고 있다는 사실을 생각할 일이다. 그리고 임장군이 출현해야 할 정도로 잘못된 일이 벌어졌다는 의미다.)

천정차운 역비운天定此運 亦悲運 하늘은 이러한 운을 정해 놓았으나 하늘 역시 슬픈 운으로 생각하니.

-이러한 운이 전개 될 때에는-

십이신인 각솔신병十二神人 各率神兵 열두 신인이 각기 신병을 통솔하게 되는데, (성군 12명이 동시 출현?)

당수일이선정當數一二先定 통솔하는 수當數는 열둘로 이미 정해져 있으니

차수일사사지전전지수此數一四四之全田之數 이수는 144의 전체 밭의 수다.

(전체 밭의 의미는 완성을 본 사람들의 전체 수를 의미하는가?)

신천신지 별천지新天新地 別天地 새 하늘 새 땅은 별천지인데

선택지인 불수개복先擇之人 不受皆福 새 하늘 새 땅이 열리기 전에 먼저 선택한 사람은 모든 복을 받지 못할 것이고 (복이란 복은 전부皆福 자기가 자기 발로 차버릴 것이고不受

중택지인 수복지인中擇之人 受福之人 새 하늘 새 땅이 열리는 과정에 선택하는 자는 복을 받는 자가 된다.

후입지인 불복망용后入之人 不福亡用 임금에게 들어가는 사람은 그게 복이 아님을 알라 복 받을 짓이 아닌 짓만 골라가며 망령되게 사용하게 되리니

격암유록의 신통성은 여기서 또한 나타난다. 임금을 표현하는 데에서 여성을 의미하는 후后를 사용했다는 점이다. 성군이 출현하는 시점의 임금이 남성이었다면 왕입지인王入之人이라는 표현이 나왔을 것이다.

중생애中生涯

생애중에

포금성청가일곡쇄정신抱琴聲淸歌一曲灑精神

거문고 소리 같은 청렴한 노래를 하는 것을 가슴에 품고 살도록 하고, 정신을 쇄신 시키도록 하라. 여성 임금 밑에 들어간 자들의 망발이 얼마나 심각하면 이런 표현이 나올까.

말운론은 위와 같이 말세의 정치 상황이 무능한 여성 임금을 바탕으로 하는 탐관오리들의 망발이 극심하리라는 점을 언급한 다음, 소위 영성 생활 한다는 자들에게 다음과 같은 행동 요령도 전한다.

물사십처십승지勿思+處+承地 십처 십승지 같은 것은 생각하지 마라 멍청한 짓이다.

독리재궁궁간獨利在弓弓間 혼자 진리를 추구하는 가운데 이로움이 있다.

이 대목의 의미는 진리 판단은 주관을 가질 문제라는 얘기다. 요즘 판치는 소위 영성 단체에 의존할 일이 아니라는 얘기다. 내면과의 대화라는 가르침을 받았다면 여러분의 마음속에 있는 창조주를 의식할 일이지 밖에서 찾을 일이 아니라는 것.

요즘 판치는 영성 단체 중에는 수선재 같은 마귀에 해당되는 단체도 있고, 자칭 해임을 자처하는 밀레니엄바이블 쪽의 단체도 있으며, 네바돈이라는 지역우주 창조주임을 자처하는 메시지를 수용하는 단체도 있고, 플레이아데스에서 온 강증산이라는 외계 존재로부터의 가르침을 수용하는 단체도 있다.

우주와의 대응 관계 문제 해결의 초석이 되어야 하는 한국인들을 상대로 북극성 외곽에 존재한다는 선계에 가십시다와 같은 소리 하는 존재는 한국인의 현 위치가 어떠한 위치라는 것을 깨닫지 못 하게 하는 존재로서 김유신 같이 민족의 앞날을 가로막는 문제의 화근이 될 만한 소지를 제공하는 영악한 존재라는 파악이 있어야 하는 문제다. 마귀의 장난에 놀아난 존재라는 얘기다.

밀레니엄바이블의 근원의식이라는 존재의 메시지와, 유란시아 서에 근거하는 네바돈이라는 지역우주 창조주로서 아톤이라는 존재로부터의 메시지는 사람들로 하여금 진이 빠지게 하는 형태로 스스로 빛날 것을 방해하는 의도가 내포되어 있는 정보라는 점을 파악할 문제이며, 강증산의 교리를 수용하는 체제는 플레이아데스의 죄악사를 인식 못하는 체제임을 인식할 문제인 것이다.

플레이아데스의 죄악사의 한 예가 72 둔법에 의한다는 일본의 한국에 대한 식민지화다. 듣기 좋으라고 하는 말로는 한국인의 우매함을 깨우쳐주기 위한 조치로 일본의 선진화 도입의 필요에 의거, 일본을 부추겨 한국을 식민화하는 조치를 취했다 하지만, 그에 파급되는 영향으로 인해 한국 식민화 조치 이후의 지구 역사가 어떻게 진행되어 왔는가를 보는 안목만 있다면 강증산 교리 수용체제는 그야말로 한국인들의 앞날을 가로막는 문제의 화근이 되는 쓸데없는 짓이 된다는 점을 인식할 일이다.

강증산 개인의 짧은 안목에 의한 술수의 결과가 오늘날의 일본의 사실상의 멸망이라는 점으로 나타났다는 점을 보는 안목이 있다면 강증산의 교리 수용체제는 미래 한국의 모습이 일본 꼴 나리라는 파악이 있어야 하는 문제다.

우리 우주의 진면목은 근본의식이 만들어 놓은 어둠이라는 성장 체제 하에 자신의 성장을 위해 스스로 노력하는 근본의식의 하강 의식들의 집단이라는 점을 이해하는 데에서 이 점을 말하지 않는 정보는 혼란 조장용 역정보라는 판단이 가능한 것이며, 이러한 판단에 도움이 되라고 널리 알리는 소리가 바로 이 글 '한국인의 신나이 활동의 필요성'이라는 일곱째 나팔인 것이다.

스스로 노력해 스스로 밝은 빛을 낼 것을 말하는 단체가 아니면 경계 대상이라는 점을 말할 수 있는 것이거니와, 해임을 도용하는 정보, 달임을 도용하는 정보, 별임을 도용하는 정보라는 판단은 앞에 말한 바대로 세상을 바꾸라는 요구는 무한정 계속 주어지는 것이 아니라는 점의 판단에 있다. 시작이 있으면 끝이 있다는 판단에 있다.

말이 옆으로 샜는데 다시 격암유록 해설로 들어가서 훈계를 해서 미안했는지 아니면 그냥 넘어가기는 심심했는지 아니면 친절을 베푸는 건지 연대별 상황도 전한다.

신유병사기申酉兵四起	신유 년에 병(전쟁)이 네 번 일어나고
술해인다사戌亥人多死	술해 년에 사람이 많이 죽는다.
인묘사가지寅卯事可知	인묘 년에 가면 일이 돌아가는 상황을 알게

될 것이고

진사성인출辰巳聖人出   진사 년에는 성인이 출현할 것이다.

오미락당당午未樂堂堂   오미 년에는 집집마다 즐거움이 넘칠 것이다.

소두무족이라는 단어는 정감록에서도 언급되며 격암유록 말운론 상의 소두무족은 깨어라 성 말이라는 의미였지만 정감록에서는 나를 죽이는 자로서의 소두무족이다.

지금부터는 정감록 위치에서의 소두무족에 대해 알아보도록 하자. 정감록은 전국적으로 많은 사람들이 죽는 시기에 나를 죽이는 자와 나를 살리는 자에 대해 말하는 데에서 임진왜란 시와, 병자호란 시를 말하고 마지막으로 말세를 말한다.

임진왜란 시는 나를 죽이는 자는 누구인가

여인대화女人戴禾 인부지人不知

왜이며(벼를 인 여인) 사람이라는 것을 모른다

나를 살리는 자는 누구인가

십팔가공十八加公 이여송이다

병자호란 시는 나를 죽이는 자는 누구인가

우하횡산雨下橫山 천부지天不知 눈이며 하늘이라는 것을 모른다

나를 살리는 자 누구인가

부토浮土 온토溫土 종토從土 떠있는 따뜻한 흙이다 흙을 따르라

피난가지 말고 집에 눌러앉아 있어야 한다는 것으로 되어있다. 이러한 해설은 역사적으로 증명된 것이고, 남은 것은 말세에 관련된 부분인데 말세에 관련된 부분은 다음과 같이 되어있다.

살아자수 소두무족 신부지 殺我者誰 小頭無足 神不知

활아자수 사답칠두락 活我者誰 寺畓七斗落

부금 냉금 종금 浮金 冷金 從金

엄택곡부 삼인일석 奄宅曲阜 三人一夕

이재전전 도하지 利在田田 道下止

이에 대한 해설은 다음과 같이 할 수 있다

살아자수殺我者誰 나를 죽이는 자 누구인가

소두무족小頭無足 신부지神不知

소두무족이며, 신이라는 것을 모른다

활아자수活我者誰 나를 살리는 자 누구인가

사답칠두락寺畓七斗落 사답칠두락이다 (절간의 일년 양식 일곱말의 쌀을 생산하는 절의 논을 떨어뜨리는 것이라고 했으니 이 말은 곧 기존의 종교적 가치관을 버리는 것이며, 격암유록에서는 이 부분이 시모자생 중모자사 謨者生 衆謨者死로 표현되어 있다.)

부금 냉금 종금浮金 冷金 從金 떠있는 맑은 금이니 금을 따르라

이 부분에 대한 해석은 시대적 상황에 맞게 설명되고 해석되어야 하는 것인데, 현재 시점에서 하늘에 떠 있는 금으로서 맑은 금은 맑은 상태의

에너지를 보내고 있는 태양을 비롯한 우주 공간인 것이다. 종금이라는 것은 태양과 우주 공간의 광자대에서 오고 있는 인체 에너지 상승의 에너지를 취하라는 것이다.

현재 태양과 우주 공간은 사람의 에테르체의 차원을 상승시키는 에너지를 보내고 있는 상태이며, 태양을 맨눈으로 볼 수 있는 사람, 우주 공간으로부터 지구 대기권으로 에너지가 들어오고 있는 것을 볼 수 있는 사람은 그것을 확인할 수 있다.

태양과 광자대로부터 오고 있는 인체의 에테르체 차원 상승의 에너지를 받아들이라는 것이 종금從金으로 표현된 것이며 이러한 해석은 그 시대의 시대적 상황이 가시화 되어야 비로소 가능한 해석 형태인 것인데, 일반 사람들은 모르는 상태이지만 태양을 맨눈으로 볼 수 있는 사람, 광자대로부터 에너지가 쏟아져 들어오고 있는 것을 볼 수 있는 사람들 사이에서는 더 이상 의미를 모를 소리가 아닌 것이다.

엄택곡부 삼인일석奄宅曲阜 三人一夕 공자의 도를 닦아라修

엄택은 공자의 생가이고 곡부는 공씨 성의 본인데 엄택곡부를 닦으라는 것은 공자의 도인 인자한 마음을 기르라는 것을 의미한다. 공자의 도는 어질 인仁에 바탕 되는 마음공부인 것이며 이러한 공부 형태는 창조주께서는 진심을 요구하신다는 예수님의 가르침과 상통하는 형태다.

이재전전 도하지利在田田 道下止 (이로움은 심전 같은 밭을 일구는데 있다 도에 머물러라)

이상 말한바와 같이 정감록의 [살아자수 소두무족 신부지]에 대한 해설은 소두무족이라는 단어가 가지는 의미에 대해 본 글이 해설한 바와 같이 소수의 사람을 상대로 하는 하늘로부터 주어지는 발 없는 것으로서 깨어라 성 말로 해석되어야 사리에 맞는 해설이 가능한 것이다.

혹자의 해석대로 소두무족이 미사일이라면 소두무족이 떨어지는 이유가 이 세계의 천하를 한자리로 끌어 모으기 위한 것이 아니라 멸망시키기 위한 것이었어야 했다.

05
한국 전쟁과
베트남 전쟁의 의미

한국 전쟁과 베트남 전쟁은 전쟁 능력이 없는 국가에서의 동족상잔 형태였다는 공통점을 가진다. 이 두 전쟁은 겉으로 보기에는 동족상잔이라는 안 좋은 모양이었지만 전쟁의 내면에 숨어있는 실상은 세계를 멸망시키지 않고, 세계인의 목숨을 유지시켜 주기 위한 두 민족의 대리 희생이었다는 점을 알 필요가 있다.

1945년에 끝난 제 2차 세계 대전의 여파에서 헤어나지 못한 50년대와 60년대는 세계인들의 사고 형태가 영성적으로 최저 수준에 육박했다고 하는 점을 이해하는 것이 자기 민족의 대리 희생이라는 숭고한 희생 형태가 2차에 걸쳐 있어야만 했던 이유를 알 수 있는 것이다.

민족 규모의 대리 희생 형태의 전쟁이 필요했던 배경이 프리메이슨 세력의 세계지배라는 욕구에 있었다는 점을 이해할 필요가 있는 것이고, 이를 이해하는 데에서 지구 평화를 위해 택해야 하는 우리의 행위가 어떠한 것이어야 하는가에 대한 답을 얻을 수 있는 것이다.

한국 전쟁의 의미

안동민 선생에게 내려진 하늘이 내리신 말씀을 근거로 하여 한국 전쟁과, 베트남 전쟁의 의미 그리고 한국의 베트남 전쟁 참여의 의미를 알아보는 시간을 갖도록 한다.

<u>네가는 영계靈界를 대표하는 기둥이며 포지는 물질계物質界 및 現象界를 대표하는 기둥이니 영계靈界를 근본으로 보면 물질계는 그림자요, 물질계를 근본으로 보면 영계靈界는 그림자이니라. 그런고로 네가인 일곱 기둥은 소리 없이 뒤에 숨어서 포지인 일곱 기둥이 타락하지 않고 그들의 소임을 다하도록 도와야 하느니라.</u>

위의 말씀에서 영계의 존재가 물질계의 존재를 소리 없이 숨어서 도와야 한다는 말이 있는 만큼 알 수 있는 것은 영계는 물질계 상위 세계라고 하는 점이다.

영계와 물질계는 연관관계를 가지는 데에서 물질계의 존재는 영계의 존재를 도울 수는 없어도 영계의 존재는 물질계의 존재를 도울 수 있다고 하는 점은 영계의 결정이 물질계에 반영될 수 있다는 의미가 되는 것이다.

이러한 점의 이해가 바탕이 되어 있어야 물질계에서 일어난 한국전쟁과 월남 전쟁의 의미를 알 수 있는 것이다.

위의 말씀은 한국인이여 들어라! 라는 서두로 시작하듯이 한국인이라는 특정 대상을 대상으로 하는 말씀이다. 이 말씀을 통해 한국인이 알아야 할 사항의 하나는 6. 25 전쟁이 어떠한 전쟁이었느냐 하는 의미다.

<u>너희 나라는 천 년 전에 김유신이 타 민족의 힘을 빌어서 제 민족의 피를 흘려 통일을 이루었으니 이는 나의 사랑의 원리를 어긴 짓이었느니라 그 업보로 너희는 천 년 후에 타민족의 힘에 의하여 다시 갈리어졌으니 이는 곧 너희 나라가 선악善惡의 대결장이 되었음을 말함이니라.</u>

이 대목은 한국이 과거 김유신의 행위에 의한 업보로 타 민족의 힘에 의해 다시 갈리었는데, 그러한 상황은 사람이 내는 기운 상으로는 선악의 대결장이 된 것이고, 그러한 역학구조로 당시의 강대국인 미국과 소련이 맞붙었다가는 핵전쟁으로 지구가 멸망할 것을 예견한 6.25 전쟁 세대들이 한 행위는 겉으로는 또 다시 동족상잔의 비극 형태로 나타났지만, 겉으로 나타나는 결과 이전에 실제 내면적인 원인 세계에서의 역학 구조는 그들이 치러야 할 전쟁을 대신해 주는 대리전쟁을 하자는 식으로 6.25 전쟁세대가 스스로 자청해 희생한 행위였다는 것으로 알아들을 대목이다.

그런데 선악의 대결장이 되었다는 대목을 인식하는 데에서 유념해야 할 사항은 선과 악은 영적인 선과 악을 의미하는 것이라는 점을 의식할 일이다. 세상을 좀 더 좋게 하겠다는 의식과, 오로지 세상을 지배하겠다는 의식의 차이가 있는 선과 악의 개념이라는 것을 의식할 일이고 이 말의 의미는 뒤에 말하는 트루먼에 대한 평가를 통해 이해될 것이다 그 뒤로 계속되는 상황은 그러한 희생의 대가가 묘사되어있다.

이제 앞으로 너희 나라에는 많은 의로운 사람들이 나리니 이는 옛 의인義人이 부활되었음이라. 나는 너희 나라에 일곱 기둥을 세우려 하니 많은 의로운 사람들 가운데 일곱 기둥이 누구인지 차차 밝혀지리라.

위와 같이 말해지는 상황은 세계가 멸망할 것을 대신 한 한민족韓民族의 집단적 희생의 대가인 것이고 그 대가의 결과가 너희 나라에 첫 번째 하늘나라가 이루어질 때 자연히 밝혀지리라 하늘나라가 너희 나라에서부터 이루어지며 상태인 것으로 묘사되어 있는 바에 따르면 세상 변혁의 완성은 한국에서부터 보게 된다는 것이다. 이와 같은 특혜가 한국에 주어진 이유는 다음의 대목이 말해주고 있다.

그러나 6.25 사변으로 너희는 그 속죄를 치렀느니라.

세계가 멸망할 것을 너희 민족이 입는 화로 대신을 하였으니 너희는 세계를 위하여 스스로 십자가를 지은 것이니라.

김유신이 행한 짓에 대한 업보로 타 민족의 힘에 의해 다시 갈려 졌는데 그 상황은 겉으로 보기로는 선을 대표하는 세력인 미국과 악을 대표하는 세력인 소련이 맞붙는 장소가 한국이 되었다는 것인데, 다른 나라들은 세계가 멸망할 짓만 하고 있었는데, 세계가 멸망할 것을 대신한 것 같은 피조물이 각성된 모습을 보이는데 국가적 규모를 보인 것이 한국이었기 때문에 한국에서 세상 변혁이 시작 된다고 밝혀 놓은 것이다.

제 2차 세계 대전을 치룬 후 소위 강대국이라는 나라의 지도자라는 자들의 의식 상태는 칭기즈칸 못지않았을 것이고, 나폴레옹 못지않았을 것이라는 점은 말하지 않아도 될 것이다.

한국 전쟁 전해인 1949년에 원폭 개발에 성공한 소련은 미국에 밀리지 않을 군사력을 확보한 것으로 여긴 상태였다. 미국을 상대로 핵전쟁도 벌일 수 있다고 자부한 소련은 본격적으로 세력 확장을 모색한다.

세력 확장을 꾀하는 것은 미국도 뒤지지 않는 상태여서 미국과 소련 간에는 전쟁이 있어야 하는 것은 1949년 이후 공공연한 개념이 되어 있었다.

그런데 핵전쟁을 벌이면 지구가 멸망한다는 것은 미소 양국 간에 인식이 없는 것이 아닌 터라 직접적인 핵전쟁은 벌이지 못하는 상황 하에 미국은 미국대로 소련은 소련대로 세력을 넓힐 방안에 골몰하고 있었던 것이다.

그런데 제2차 세계 대전이 끝난 이후의 상황은 또 다시 전쟁을 일으킬만한 뚜렷한 동기라던가 명분이 형성되지 않은 시기였다. 세력 확장은 하고 싶은데 세력 확장에 제시될 뚜렷한 명분이 형성되지 않은 시기가 1945년 이후의 세계 정세였던 것이다

그리하여 시행된 것이 소련은 북한을 이용하자는 방안이었고 미국은 북한을 이용하려는 소련의 방안이 실행에 옮겨지도록 유도하는 방안이었던 것이다.

소련이 북한을 이용하려는 준비를 하고 있는 것을 모르는 바 아니면서 그것을 의도적으로 방임 내지는 유도하는 교활함을 보였던 것이다. 미국의 교활함은 애치슨 선언을 포함하여 남침이 있으리라는 정보가 주어지는 상황에서도 전방 병력의 대부분을 휴가를 내보내는 등의 한국 전쟁 발발 직전까지의 남침 유도 상황에서 나타난다. 따라서 한국 전쟁은 남침임이 가

장된 미군의 북침이라고 보아야 옳은 상황이다.

미국과 소련 양자 간의 대결에서 공산주의 세상이라는 세상을 좀 더 좋게 하겠다는 의식 하의 행동과, 세상지배를 위해 상대가 일을 터트려 줄 것을 유도하는 행동에서 영성적으로 어떤 행동이 악한 행동이겠는가는 설명이 필요 없는 문제라고 하겠다.

소련의 스탈린과 미국의 트루먼 양자가 대리전쟁을 통한 불만 해소를 꾀했다는 것은 전혀 전쟁이 일어날 상황이 아닌 나라에서 전쟁이 일어났다는 데에서 명백히 밝혀지는 사항이다

세계 최빈국인 한국이, 소총하나 만들 능력이 없는 한국이 전쟁에 임하게 되었다는 것은 이들 양자 간의 대결 때문에 애매한 한국인이 목숨을 잃게 되었다는 것으로, 이를 안동민 선생에게 내려진 말씀은 <u>세계가 멸망할 것을 너희 민족이 입는 화로 대신을 하였으니 너희는 세계를 위하여 스스로 십자가를 지은 것이니라.</u> 로 표현되어 있는 것이다

전쟁 당시 중공 만주에 대한 맥아더의 원폭 투하 같은 위험한 발상에 접한 미소 양국은 한국 전쟁이 승산 없는 싸움이라 여겨 정전을 모색한다.

핵전쟁이 무서워 대리전쟁을 택한 상황에 맥아더의 원폭 사용 주장은 대리전쟁의 의미를 무색하게 하는 것이고, (맥아더가 트루먼 의도를 몰랐다는 얘기다. 맹한 놈이었다는 얘기. 혹자는 한국을 살린 것은 맥아더가 아니라 원폭을 저지한 트루먼이었다고 하는데 이런 소리는 웃기는 소리다. 정작 트루먼은 스탈린과 함께 무고한 한국 국민들의 목숨을 앗아간 원흉인 것이다. 대리전쟁을 택하지 않았으면 애꿎은 한국 국민들의 희생은 없었을 것인데 세계 제패를 위한 양자 간의 대결은 애매한 한국 국민들의 목숨을 앗아간 원인이

라는 사실을 안다면 정작 욕할 대상은 트루먼이라는 사실을 인식할 일이다. 스탈린은 세상을 좋게 할 방법이 무력을 통한 세상의 공산주의화라고 생각했다면 트루먼은 스탈린의 우직함을 조장했다는 점에서 영성 면에서 본다면 누가 선이고, 누가 악인지는 자명한 일이다. 상대가 일을 터뜨려 주기를 유도하는 교활함이 영적인 선이라 할 수 있겠는가?)

밑 빠진 독에 물 붓기 식의 비용을 감당하기 어려운 양국은 훗날을 기약하고 정전하기로 한다. 훗날을 기약한 정전이 곧 냉전시대로의 돌입인 것이다.

이상이 한국 전쟁의 의미라면 베트남 전쟁의 의미는 다음과 같이 말할 수 있다.

베트남 전쟁의 의미

53년에 끝난 한국전쟁의 결과에 만족 못한 미소 양국은 세 확장을 위한 각가지 방법을 동원한다. 소련은 미국에 비해 열세인 군사력 확장에 주안점을 두었고, 상대적으로 여유가 있는 미국의 방법은 미국의 연방화였다.

연방화 방법으로 사용된 것이 경제원조였다. 먹고 사는 문제를 해결해 주어야 속국화 할 수 있다는 방법을 채택한 것이고 그 방법은 당시의 미국의 경제규모 상 한국과 같은 조그만 나라라면 손해를 보아도 타격을 입지 않을 정도의 규모였기 때문 가능했던 것이다.

한국에 대해서는 관대함을 보였지만 남미의 여러 나라, 일본을 제외한 기타 아시아 제국에 대해서는 흡혈귀 정책을 보인 미국의 이중적인 모습

에서 최일선에 속해있는 한국 경제 발전의 이유를 찾아야 하는 것이다. (

독일 포함. 참고로 일본 정치인들의 전쟁 범죄자 의식이 낮은 것은 일본에 대한 미국의 과도

한 햇볕 정책에 원인이 있다는 것을 생각할 일이다. 덜 떨어진 국민성 바탕에 미국으로부터

주어지는 과도한 당근은 덜 떨어진 국민성이 그대로 유지되도록 하는 악재로 작용했다는 사

실을 의식할 일이다.

따라서 우방임이 가장된 미국의 속 국화 정책은 사람들의 영적 각이 느려지게 한 촉매로 작

용했다는 사실을 인식할 일인 것이다. 영성 면에서 본다면 영적 각성이 느려지게 한 빌미를 제

공한 미국의 정치인들이야 말로 추악한 모습인 것이다.)

54년 이후로 시작된 냉전 시대 과정에서 미국과 소련간의 전쟁의 위기가

또 다시 찾아온 것은 62년의 쿠바사태였다. 미국의 코밑 쿠바에의 소련 미

사일 기지 건설 사건은 미국을 분노케 하는 사건이었다. 쿠바 사태는 전쟁

일촉즉발의 상황으로까지 몰고 갔다.

미국의 여론은 인디언 멸종시키듯 소련 놈들 멸종시켜야 한다고 들들 끓

고 있는 상태였다. 미국 내 쿠바인들에 대한 압박이 가해졌음은 두말할 것

도 없고 케네디 대통령의 조치는 단호했던 까닭에 가만히 내버려두면 전쟁

은 반드시 일어날 상황이었다.

그렇게 되면 지구는 멸망했다. 멸망하지 않을 장치가 또 필요로 했던 것

이다. 멸망하지 않을 장치란 한국 전쟁에 이은 베트남의 대리전쟁이었다.

이것이 미국이 개입된 베트남 전쟁의 원인이다.

미국과 소련이 싸움으로써 세상이 멸망할 것을 베트남 국민들이 대신 싸

워 줌으로써 멸망에 이르지 않도록 하는 것이었다.

영계와 물질계는 연관관계에 있는 것인 데에서 물질계를 멸망시키지 않을 방법으로 영계는 베트남 국민들의 피를 선택한 것이다.

케네디 대통령이 암살 되었기에 망정이지 암살되지 않았다면 케네디 대통령의 단호성 상 핵전쟁이 일어났을지도 모르는 상황이었다. 케네디 대통령이 암살되므로 해서 뒤를 이은 존슨 행정부는 65년부터 대리전쟁 체제로 들어갔던 것이다.

수소폭탄이라는 가공의 무기가 핵전쟁으로 돌입하게 하는 것을 망설이게 하는 가운데 한국전이라는 대리전의 경험이 있는 미국과 소련의 행정부는 또 한 번의 대리전을 획책한 것이다.

지구가 미국과 소련 때문에 멸망할 것을 첫 번째는 한국 전쟁을 통해 두 번째는 베트남 전쟁을 통해 멸망하지 않을 수 있었다는 것을 안다면 전 세계 사람들은 한국과 베트남 사람들이 흘린 피에 대해 감사해야 하는 것이다.

한국의 베트남 전쟁의 참전의 의미

그런데 애석하게 생각할 것은 월남전이라는 대리전이 십년 이상씩 끌 수 있었던 것은 한국군의 참전이라는 미국 옹호 세력의 뒷받침 때문이었다는 사실이다.

월남전이 고전적 전쟁 방법으로는 미국이 이길 싹수가 노랗다는 것은 전문가 사이에는 회자되던 일, 전망 없는 전쟁을 빨리 끝내고자 해도 빨리 끝내는데 방해되는 요인이 한국이었던 것이다. 천문학적 비용이 들어가는데도 갈수록 더 많은 비용(융단 폭격 고엽제 투하 같은)을 지출해 가면서 무리수를 두는 격의 전쟁을 질질 끌 수밖에 없었던 것은 한국이라는 개에 대한 미국이라는 주인의 체면 유지에 있었던 것이다.

베트남 전쟁이 미국과 소련의 다툼 때문에 세상이 멸망할 것을 대신할 장치라는 사실에 대한 인식이 있었다면 베트남 전쟁에 참전한다는 것과 같은 우매한 짓은 당연히 하지 말아야 했다. 오로지 세상을 지배하는 것이 목적인 악의 편에 서서 악의 개 역할을 하는 것과 같은 천하에 멍청한 짓은 하지 말아야 했다.

그럼에도 한국은 박정희에 의해 월남전 참전이라는 크나 큰 우를 범하게 되는데, 박정희가 월남전 참전이라는 수를 두게 된 이유는 단 하나 자신의 정권 유지였다. 월남전이 세상을 멸망할 것을 대신할 장치라는 의식이 없는 미련한 박정희는 그 미련함에 한국 국민들을 동참시켰던 것이다.

박정희가 월남전 참전을 구상한 이유는 오로지 자신의 정권 유지가 목적이었던 것이다. 박정희는 집권하자 정치자금의 필요성을 절실히 느낀다. 거기서 62년에 화폐개혁이라는 수를 둔다. 1인당 500원이라는 한계를 둔 화폐교환 조치는 대중을 상대로 한 부의 강제 탈취를 목적으로 한 것이었다.

대중을 상대로 부의 강제 탈취를 목적으로 하는 화폐개혁 조치는 당시의 경제규모 상 성공할 리가 없었지만 대중을 상대로 하는 부의 강제 탈취 같은 공공연한 도둑질을 정책화 할 정도로 박정희의 영성 상태는 형편없는 상태였음을 말할 수 있는 것이다.

이 조치는 실패로 끝났고, 실패로 끝난 이후 박정희는 케네디에 의해 커 가는 과정을 밟고 있었다.

그런데 64년에 케네디가 암살당한다.

케네디의 암살은 어떤 의미에서는 지구가 멸망할 것을 방지하는 수단이 었지만, 박정희의 입장에서는 돈줄이 떨어져 나간 것이다. 돈줄이 살아있 어야 자신의 정권이 유지되는 것인데, 돈줄이 제거되었으니 돈을 마련할 새 로운 방법이 필요로 되었던 것이다. 거기서 구상된 것이 월남전 참전이라는 존슨 행정부를 상대로 하는 정치생명을 건 거래였던 것이다.

국민들을 상대로 부의 강제 탈취를 목적으로 하는 화폐개혁을 단행할 정 도로 돈에 집착했던 박정희는 돈이 마련될 방법이라면 무엇이던 한다는 사 고방식의 위인이었다고 평가되어야 옳다.

돈 마련은 곧 정권유지라는 등식 하에 오로지 정권유지를 위한 돈 마련 이 박정희의 생각이었다고 보아야 당시 한국의 정치 상황정황상 옳다. 거 기서 박정희는 존슨 행정부에 개가 될 것을 자청하는 월남전 참전이라는 카드를 던진다.

국민이야 죽건 말건 국제적으로 오명을 뒤집어쓰건 말건, 자신의 정권만 유지된다면 물불을 안 가리고 무엇이든 해야 한다는 박정희였던 까닭에, 그 리고 거기에 철저하게 뒷받침 된 것이 일제 36년 식민 생활을 통한 국민들 의 우매화였던 까닭에 월남전 파병이라는 있어서는 안 되는 일이 한국 땅 에 벌어지게 되었던 것이다.

일제하에서 해방되자마자 터진 한국 전쟁은 국민들의 우매화를 더욱 진 행시켰고 우매화 상황 하에 성장한 소위 월남 파병 용사들 용감무쌍함이란 보지 않아도 뻔한 것, 그들이 월남 땅에서 행한 짓이란 우매함의 표본이었다는 것은 설명이 필요 없는 것이리라.

베트남 국민들이 세상이 멸망할 것을 대신하는 숭고한 피를 흘리는 마당에 가서 소위 월남전 참전 용사라는 우매한 존재들의 인류에 반하는 무차별적 학살 행위는 애매한 베트남 국민들의 숭고한 피의 의미를 무색하게 만든 분탕질이었던 것이다.

한국이 일차적인 대리전쟁의 희생자이면서도 월남이 이차적인 대리전쟁의 희생자라는 의식이 없었다는 것은 그만큼 당시의 한국인의 영적 각성이 처져 있었다는 의미다.

미국이야 말로 악의 세력인데, 악의 세력이라는 것도 모르는 상태에서 소위 자유민주주의의 수호라는 허울 좋은 명분하에 베트남 전쟁이 십 년 이상씩이나 끌어가게 할 빌미를 제공했던 한국군의 참전은 애매한 베트남 국민들의 쓸데없는 피를 가중시켰던 사건이 되는 것으로서 대리전쟁을 통해 선택된 한국이라는 위치에 똥칠을 하는 위치에 서 있었던 것이다.

세상이 멸망할 것을 대신할 숭고한 피를 흘리는 마당이 베트남이라는 사실을 알았다면 될 수 있는 한 베트남 인민들의 피를 덜 흘리도록 해야 할 마당에 일말의 저항력도 없는 여성과 아이들, 노인들을 상대로 행한 무차별적 학살은 소위 월남 참전 용사라는 우매한 자들의 반인륜적 범죄 행위였다.

박정희와 함께 반인륜적 범죄 행위에 동참한 소위 월남전 참전용사라는 우매한 존재들은 공동범죄자라는 자신들의 위치를 망각한 채, 자기 합리화의 방안으로 박정희를 우상화 하지만, 박정희를 우상화 하는 행위야

말로 눈 가리고 아웅 하는 비열한 행위라는 점에 대한 각성이 있어야 하는 것이다.

반인륜적 범죄 행위의 공동 범죄자인 주제에 그리고 오로지 세상지배가 목적인 악의 세력에 동참한 주제에 소위 월남전 참전 용사라는 우매한 존재들은 자신들의 위치를 깎아내리는 행위를 할 까닭이 없고, 따라서 박정희의 우상화로 나타나게 마련인데, 박정희의 우상화 결과는 경제를 대가로 국가의 자주성을 팔아먹은 장본인 세력에 대한 맹목적인 지지로 나타날 수밖에 없다는 점이 현재 한국에 나타나 있는 상황이다.

한국과 독일, 일본의 비약적인 경제 발전의 원인은 미국의 속국화 라는 악의적 목적 하에 냉전시대라는 세계정세 배경 하에 세계지배를 위한 악의 행위에 있었던 것이었건만, 악의 행위가 악의 행위로 인식되지 않은 우매한 존재들은 경제발전이라는 사실에만 매료되어 진정한 악의 세력 구축이 어떠한 방법이라는 것을 모른 채 행위를 하게 되는 것인데, 이러한 행위를 일컬어 어렵던 시절의 우매한 존재들이 수구꼴통으로 화신하여 나라의 앞날을 가로막고 지구의 앞날을 가로막는 어리석은 짓으로 이름 할 수 있으리라.

이상, 한국의 베트남 전쟁 참전의 의미를 알아보는 것을 통하여 영적 각성이 처져 있음으로써 도를 허무는 자의 성향을 가진 자의 집권과 대중의 우매화가 합쳐진 결과가 나라의 국격 실추로 나타나는 것을 보았다.

대리전쟁이라는 국가적 규모의 희생을 통하여 천국화의 모델로 선택된 한국이라는 나라는 미국의 속 국화의 길로 갈 위치가 아니었던 것이다.

박정희라는 쇼맨십 소유자의 정권욕이라는 단 하나의 이유로 대중들의 우매화를 바탕으로 하는 미국의 속국화 라는 가서는 안 될 길을 가게 되었던 것이다. 박정희가 각성이 된 상태였다면 오늘날의 한국은 미국의 속국의 위치가 아니었을 것이다.

그러나 박정희 생애가 그러하듯이 비열함에 바탕 된 기회주의자의 쇼맨십에 속은 상태가 한국의 정치 상황이었고 대중들의 우매함이 바탕 된 사회 상황이었기에 하늘로부터 선택된 한국의 국격이 미국의 속국이라는 위치로 격하한 오늘날의 현실이다.

대중의 우매화는 중국의 속국화 역사를 되풀이한 바탕이었다. 그런데 한국은 더 이상 쓸모없는 존재로 여겨진 박정희의 김재규를 통한 제거 이후 전두환 체제 하에 대중들의 우매화가 더욱 진행된다.

언론기관들의 통폐합 교육기관들에 대한 통제 기업들에 대한 통제 강화에 의한 정권에 대한 도전이란 곧 죽음을 의미하는 것이라는 식의 조치의 일환으로 허문도의 우매화 정책 제기에 따르는 사회체육 진흥 기관의 발족을 보게 됨으로써 필요로 하지 않던 프로 축구 발족, 프로 야구 발족, 올림픽 유치 등의 방법으로 대중들의 의식 수준을 더욱 저하시킨다.

그 결과 오늘날의 상황은 4·19 혁명 같은 민중 봉기가 불가능에 가까울 정도로 대중들의 의식 수준이 저하 되었다.

그러나 그런 와중에서도 하늘은 한국의 종교계를 폐쇄하고 한국의 정치 상황을 바꾸어 나갈 것을 요구하는 한국인이라는 특정 대상을 상대로 하는 대중적인 가르침을 계속 주어왔던 것이고, 그것의 마지막 모습이 『신과 나눈 이야기』 시리즈였던 것이며, 『예수 그리스도의 충격 메시지』 였던 것이다.

그리고 그러한 가르침이 주어졌다는 것을 한국 사람들에게 널리 알리는 것이 바로 이글 '한국인의 신나이 활동의 필요성' 이라는 일곱째 나팔인 것이다. 혁명의 필요성을 강조하는 말이다.

진정으로 지구의 앞날을 위하고 우주의 앞날을 위하는 존재라면 진짜 악이 오로지 세계지배를 위한 미국의 프리메이슨 세력이라는 것을 알면서도 수용하는 비열함은 보이지 말아야 할 것이다.

뉴라이트 세력이 분명하고 프메 세력이 분명한 존재에 대한 충정을 바친다는 행위는 비열함에 바탕 된 더러운 계산법이라는 점을 말하지 않을 수 없다.

힘없는 자로 자처하는 소위 민초라는 자들 역시 마찬가지다. 일신상의 안녕을 위해 고의적으로 눈을 감은 자의 소위 약삭빠름은 결코 약삭빠름일 수가 없다는 점이 가시화 되는 세상이 오고 있다는 점이 감지되어야 할 것이다.

힘이 없기 때문에 방관한다는 바탕에는 악의 공동 창조 내지는 수용하고 허용한다는 의식이 깔려있음이 인식될 일이다.

민초는 눈을 뜨라. 새로운 세상을 창조해 나가라. 당신도 창조주의 분령체로서 창조 능력이 있는 창조주다.

06
창조주의 에너지와의 연결

1) 우주 창조와 지구의 의미

나는 여러분의 아버지이고, 어머니이며, 이 우주를 만든 창조의 근원입니다. 지금 여러분에게 우리들의 위대한 에너지를 흘려보냅니다.

우리는 이 우주를 만들 때, 여러 가지 것을 생각했습니다. 우주에는 훌륭한 에너지를 지닌 존재들이 많이 있습니다. '그 훌륭한 에너지들을 모두 모으면, 어떠한 빛남을 이루게 될까?' 우리가 말하고 있는 우주라고 하는 것은, 이 몇 천억의 은하계가 들어가 있는 우주만을 가리키는 것이 아닙니다. 그 밖에도 무수한 우주들이 있습니다. 각각의 우주들이 모두 훌륭한 창조주에 의해 만들어지고 있습니다. '그 훌륭한 창조주들의, 훌륭한 에너지들만을 모두 모으면, 어떠한 빛남이 이루어질 것인가?' 이것이 이 우주의 목적이었습니다.

그러므로 이 우주는 다른 우주들로부터 훌륭한 에너지들만을 모두 모아 왔습니다. 그 심벌이 바로 이 지구입니다. 이 지구에는 여러 은하계와 수많은 혹성들로부터 온, 많은 생명체들이 모두 모여 있습니다. '이 무수한 생명체들이 함께 그 훌륭한 생명력을 발휘하면, 얼마나 훌륭한 별이 될 것인가?' 이것이 이 지구의 테마이며, 지구는 이 우주의 상징인 것입니다. 매우 훌륭한 역할입니다. '이 지구를 많은 생명체들로 채워, 각자 훌륭한 빛을 발하고, 전체로서도 또 멋진 빛을 발한다, 그 빛이 모두 합쳐지면 어떠한 색이 될 것인가?' 여러분은 상상한 적이 있습니까? 매우 훌륭한 생명의 색, 그것을 어떻게든지 실현시키려 애쓰고 있는 것입니다.

나의 에너지를 여러분의 몸속에 단단히 넣어 두시기 바랍니다. 그리고 이 지구를 어떻게 해서든 실현시켜 주기 바랍니다. 실패는 결코 허락할 수 없습니다.

나는 여러분의 아버지이고, 여러분의 어머니이며, 여러분을 창조한 근원입니다. 이 파동을 잘 기억해 두기 바랍니다…….

2) 창조주의 에너지 전수

지금, 여러분의 머리 위에, 지극히 훌륭한 에너지가 내려오려 하고 있습니다. 모두, 기쁨을 가지고 감사하는 마음으로 받아 주세요. 아무쪼록 부탁드립니다…….

나는 여러분의 아버지이고, 여러분의 어머니이며, 여러분을 만든 우주 창조의 대근원大根源입니다. 여러분이 이 에너지를 느낄 수 있을까요. 이 우주는 내가 전신전령을 쏟아 만들었습니다. 여러분 한 사람 한 사람의 개성도 만들었습니다. 지금부터 잘 느껴 주기 바랍니다…….

지금 여러분에게 흐르고 있는 나의 에너지, 이 에너지는 모든 인간의 영혼에 연결되어 있습니다. 나는 언제라도 여러분의 영혼 안쪽에 있습니다. 이 에너지를 받아내는 사람, 꼭 기억해 두기 바랍니다. 이 지구는 이제 곧 나의 기능으로 바뀌게 됩니다. 지금 여러분에게 흐르고 있는 것은 창조의 에너지입니다. 여러분 모두에게 창조의 힘을 주고 있습니다…….

우리는 지금 진지하게 이 지구를 훌륭한 별로 만들고자 하고 있습니다. 이제 놀이는 마지막입니다. 사랑하는 것을 귀찮게 여기는 사람은 이제 지구에는 필요하지 않습니다. 앞으로 지구는 크게 변해 갑니다. 여러분 한 사람 한 사람이 발하는 상념의 에너지도 지극히 중요한 영향을 가집니다. 나는 앞으로의 지구를 진지하게 만들어 가고자 생각하고 있습니다. 이제 더 이상, 지구를 더럽히는 것은 허락할 수 없습니다. 이 지구는 정말로 우리들의 소원을 담아 만든 별입니다. 이제 더 이상 더럽히게 하지는 않을 것입니다.

이제 우리들의 커다란 동료를 소개합니다.

〈아마테라스〉

아~ 마~ 테~ 라~스!

우리의 아침의 나라, 태양의 나라, 빛으로 채워 주세요. 부탁드립니다. 감사합니다.

<미카엘>

나는 미카엘! 여러분의 아버지이자, 여러분의 어머니이기도 합니다. 커다란 창조주의 오른팔이기도 합니다. 여러분에게 전진하는 기쁨을 드립니다. 나의 에너지도 여러분 모두의 영혼에 흐르고 있습니다. 잘 느껴 주세요.

<여신>

나는 여신! 우주 창조주의 왼팔입니다. 여러분에게 평온함을 드리는 에너지입니다. 항상 기쁨을 드립니다. 나의 에너지로 감사와 행복을 느껴보세요. 감사합니다.

<창조주>

여기에 있는 사람은 이제 멈춰 서는 것은 허락할 수 없습니다. 반드시 새로운 시대에 오도록 하십시오. 모두와 기쁨을 함께 나누어 주기 바랍니다. 반드시 나와 직접 이야기하게 될 날을 기다리고 있습니다. 지금 여러분 모두에게는 축복의 에너지가 주어지고 있습니다. 믿어도 좋습니다. 반드시 새로운 지구에까지 함께 와 주기 바랍니다. 빛이 아닌 곳으로 진행되지 않도록 항상 깨어 있도록 하십시오. 기다리고 있습니다. 반드시 오기를 바랍니다.

3) 이제는 자립하는 시기

나는 여러분의 아버지이고, 여러분의 어머니이며, 여러분을 만들어낸 근원입니다. 여러분에게 커다란 축복을 드립니다……. 앞으로 여러분의 현실은 여러분 스스로 만들어 간다고 하는 강한 의사를 가지고 행동해 주었으면 합니다. 언제까지나 낡은 습관에 얽매여 있거나, 남에게 맡기면서 책임을 회피하고, 자신의 잘못을 상대에게 전가하는 것과 같은 흉내는 이제 멈추어 주기 바랍니다. 여러분은 이제 정말로 자립하는 시기에 와 있습니다.

다만 주변 사람의 안색만 살피고 있어도, 자신의 기쁨은 찾을 수 없습니다. 스스로 자신의 인생을 만든다고 하는 것, 기쁨은 스스로 찾아낸다고 하는 것, 그것을 정말로 깨닫는 시기에 와 있습니다. 언제까지나 다른 사람의 것만을 생각하고 있어도 자신의 인생은 성립되지 않습니다. 여러분 한 사람 한 사람의 인생은 매우 소중한 의미가 있습니다. 한 사람 한 사람의 인생, 그 하나하나에 매우 중요한 의미가 담겨 있습니다. 나는 쓸모없는 인간은 하나도 만들지 않았습니다. 정말로 모든 인간을, 필요하기 때문에 만들었습니다. 그것을 정말로 믿어 주기 바랍니다.

여러분 한 사람 한 사람이 저마다 매우 중요한 가치를 지니고 있습니다. 좀 더 가슴을 펴고 적극적으로, 자신의 인생을 자신의 다리로 걸어주기 바랍니다. 스스로 걸으려 하지 않고, 다른 사람의 뒤만 따라가는 인간을 나는 만든 기억이 없습니다. 이제 지구는 한 사람 한 사람이 자립하고, 서로 연결되어, 많은 아름다운 빛을 자신의 마음속에 연결해 가는 시기에 와 있습니다.

여러분의 마음의 그릇을 좀 더 크게 해, 좀 더 다양한 빛을 자신의 마음속에 연결해 주기 바랍니다. 그리하여 빛나는 미래를 함께 만들어 가자는 것이 아닌가요! 나는 지금 이 몇 안 되는 사람들에게 밖에 이야기할 수 없습니다. 그렇지만 나는 지금 정말로 진지하게 이야기하고 있습니다. 단순히 사람들의 이목을 끌기 위해서, 흥행을 위해서, 이곳에 오고 있는 것은 아닙니다. 정말로 새로운 지구를 만들고자 하기 위해서인 것입니다. 그것을 정말로 이해해 주었으면 합니다.

만약 괴로운 일이 있으면, 내게로 오기 바랍니다. 내가 여러분을 감싸 줍니다. 지금부터는 사람으로부터 비난 받아도 울어서는 안 됩니다. 내가 받아 줍니다. 결코 사람들을 비난하지 말기 바랍니다. 여러분은 모두 나의 아이입니다. 여러분의 슬픔은 나에게도 그대로 전해져 옵니다. 기쁨이 가득 넘치는 세상을 만들 때까지, 모두 노력해 주었으면 합니다.

나는 진지하게, 이 지구를 아름다운 별로 만들려 하고 있습니다. 장난치고 있지 않습니다. 꿈이 아닙니다. 모든 천사, 모든 마스터, 모든 창조주가 진심으로 일을 진행시키고 있습니다. 장난이나 호기심으로 오고 있는 것은 아닙니다. 성실하게, 진심으로 오고 있습니다. 이제, 종교 짓거리나 놀이는 마지막입니다. 지금부터 나의 진정한 기능이 시작됩니다.

나의 에너지를 느끼는 것을 잘 연습해 두기 바랍니다.

4) 나는 여러분의 마음속에 있다

나는 여러분의 아버지이고, 여러분의 어머니이며, 이 우주를 가장 처음에 창조한 대원大源입니다. 오늘은 내 쪽으로부터 직접 정보를 주고자 합니다. 내가 직접 정보를 흘린다는 것은 지금까지는 좀처럼 없었던 일입니다. 지금은 매우 중요한 시기라고 하는, 증거를 주기 위해서 여러분에게 직접 전하려 합니다.

여러분의 인생에서 각자가 해야 할 역할은 어느 정도 결정되어 있습니다. 많은 사람들은 어떻게 하면 그 역할을 잘 해낼 수 있는지, 그것을 듣고자 애쓰고 있습니다. 즉 대부분의 사람들은 자신의 역할이 모든 것을 결정하고 있고, 거기에 얼마나 자신을 맞추어 갈까를 생각하고 있습니다. 그리하여 그것과 맞을 경우에는 올바른 인생, 맞지 않을 경우에는 잘못된 인생이라는 식의 가치 판단을 하려 합니다.

그러나 유감스럽게도, 여러분의 인생에서 정해正解란 없습니다. 모두가 맞다고 할 수 있습니다. 왜냐하면 모두 여러분이 만드는 인생이기 때문입니다. 우리들이 여러분에게 준 역할이라는 것은, 여러분의 인생의 행동 하나 하나까지 결정하고 있는 것은 아닙니다. 행동은 어디까지나 여러분의 의사에 달려 있습니다. 우리들은 여러분의 행동에 관해서는 어떤 지시도 하지 않습니다. 어디까지나 여러분의 자주적인 판단에 맡기고 있습니다. 그러나 어떠한 행동을 취하더라도, 결과적으로 역할을 행하게 되어 있습니다.

여러분을 그렇게 이끌고 있는 것이 이른바 가이드로 불리는 존재들입니다. 그들은 여러분이 어떠한 행동을 취하더라도, 결과적으로 역할을 수

행할 수 있는 구조를 만들고 있습니다. 그럼에도 불구하고, 여러분이 매일과 같이, "나는 무엇을 하면 좋은 것입니까?"라고 질문하고 있습니다. "당신 스스로 결정해 주십시오."라고 말해도 대부분의 사람은 납득하지 않습니다. 그러나 그렇게 모든 것을 우리가 결정해 버린다면, 여러분에게 무슨 즐거움이 있을까요? 무엇을 위해서 우주를 만들었는지, 그 근본이 이해되지 않고 있습니다.

지금 한 사람 한 사람이 자신의 가슴에 손을 얹고, 자신의 영혼과 이야기를 나누어 주기 바랍니다. 여러분의 영혼에게, '나는 무엇을 위해서 태어났는가?'라고 물어 주었으면 합니다. 지금 여러분 한 사람 한 사람의 영혼에게, 명확하게 정보를 흘려주도록 부탁하고 있습니다. 당분간 그것을 느껴 주기 바랍니다…….

오늘 여기에 모인 사람들 중에는, 과거세로부터 많은 수행을 쌓았던 사람들이 많이 있습니다. 그리고 그 가운데 꽤 괴로운 경험을 했던 사람이 많습니다. 어떠한 괴로움이었는가 하면, 깨달음을 얻기 위해서 괴로운 행行을 쌓고 있었습니다. 그리하여 얻을 수 있었던 것은 무엇이었습니까? 나와 이야기할 수 있었던 사람은 한 사람도 없었습니다. 그토록 괴로운 수행을 쌓으면서도, 이 우주를 만든 존재와 이야기를 나눌 수 없었습니다. 무엇을 위한 괴로움이었습니까?

지금 여러분에게 진심으로 느껴지는 영혼의 사랑의 에너지, 그것은 여러분에게 정말로 이해 받기를 바라고 있습니다. 여러분의 마음속에 영혼이 있고, 그 영혼의 안쪽에 내가 있다는 것을……. 나는 모두의 마음속에 존재하고 있습니다. 여러분만이 아닙니다. 여러분 주위의 모든 사람들의 마음속에 나는 존재하고 있습니다.

그럼에도 불구하고, 여러분은 자신의 역할이나 자신이 해야 할 것을 나에게 물으려 하지 않고, 다른 사람에게 물으려 하고 있습니다. 왜 자신의 마음을 믿지 않는 것입니까? 왜 자신의 마음속을 신뢰하지 않는 것입니까? 괴로운 행行을 쌓으면, 자신의 마음을 신뢰할 수 있게 되는 것인가요? 그러나 고행을 쌓아 보더라도, 나를 만날 수는 없었습니다. 나는 여러분의 마음속에 있기 때문입니다.

이제 나의 에너지를 여러분의 영혼을 통해, 강하게 흘려 봅니다. 나의 에너지가 자신의 마음속으로부터 느껴지는 것을 잘 연습해 두기 바랍니다. 만약 에너지를 느끼고 있는 사람이 있다면, 그것을 잘 기억해 두기 바랍니다. 그리고 지금 느끼고 있는 이 에너지에 자주 질문을 해 주었으면 합니다. 나는 언제라도 대답을 줄 수 있습니다. 어떤 때에는 여러분의 가까운 사람을 통해서, 어떤 때에는 여러분의 적을 통해서, 대답을 주기도 합니다.

지금부터 여러분에게 매우 훌륭한 축복을 주고자 합니다. 각자의 머리 위에 훌륭한 선물이 준비되어 있습니다. 몸에 무엇인가 에너지를 느끼면, 그것을 솔직하게 받아 주기 바랍니다…….

여러분에게 축복을…… 나는 언제나 여러분의 마음속에 있습니다.

5) 자신에게 찾아오는 모든 현상에 의미가 있다

나는 여러분의 아버지이자, 여러분의 어머니이며, 여러분의 창조의 근원입니다. 나는 정말로 지금 진지하게 여러분에게 호소하고 있습니다. 빨리 눈을 뜨고 자립하여, 자신의 의사대로 자신의 현실을 만들어 간다는 것, 자신의 미래는 밝은 미래라고 하는 것, 그것을 믿고, 그곳으로 향해 주기 바랍니다.

여러분에게 찾아오는 다양한 사람들이나, 여러 가지 현상은 모두 의미가 있어 주어지는 것입니다. 모든 현상이 여러분의 성장을 위해서 주어지고 있습니다. 그러므로 모든 것을 적극적으로 파악해주기 바랍니다. 모든 것을 즐겁게 받아들여 주었으면 합니다. 그러면 여러분의 미래는 정말로 즐거운 것이 되어 찾아옵니다. 나는 이만큼을 여러분에게 말하고 싶습니다.

6) 괴로움은 인간이 마음으로 만든 것

나는 여러분의 아버지이고, 여러분의 어머니이며, 여러분을 창조한 근원입니다. 나의 에너지를 잘 느껴 두기 바랍니다. 여러분들 중에는 나와 연결되는 것에 망설임이나 당혹감, 불안을 느끼고 있는 사람이 많이 있습니다. 여러분의 아버지를 왜 그렇게 불안하게 생각하는 것인가요? 여러분은 모두 나로부터 만들어지고 있습니다. 그러나 여러분은 스스로 인생을 만들어 간다고 하는 역할도 행하고 있습니다. 나는 모든 것을 만들었지만, 여러분의 선택의 자유는 남아 있는 것입니다.

여러분이 어떤 길을 선택한다 하더라도, 결국은 당초의 역할을 행하게 됩니다. 그러나 무엇을 경험하게 될지는, 나라도 알 수 없습니다. 기쁨을 가득 경험해오는 사람이 있는가 하면, 괴로움을 가득 경험해오는 사람도 있습니다. 어떤 것을 경험하게 될지는, 여러분의 의사에 달려 있습니다. 여러분은 어떤 것을 선택할까요?

나는 여러분이 조금이라도 기쁨을 찾아내, 그것을 함께 나누어가기를 바라고 있습니다. 우리들은 그를 위해 여러모로 협력을 하고 있습니다. 여러분이 조금이라도 기쁨을 찾아내는 것을 도와줄 수 있도록, 다양한 것을 생각하고 있습니다. 인생이 재미없다고 하는 사람, 그 사람은 즐거움에는 관심을 가지지 않고, 자신의 괴로움에만 관심을 가지고 있는 사람입니다. 나는 괴로움을 준 기억이 없습니다. 모두 여러분이 마음대로 만들어낸 것입니다. 그 근본을 이해해 주었으면 합니다.

나의 에너지를 자신의 마음으로 꼭 받아들여 주기 바랍니다. 여러분이 이 에너지를 꼭 받아들이고 있는 한, 나로부터의 정보는 항상 여러분에게 닿을 것입니다. 꼭 받아들이도록! 사람들은 모두 나에게 연결되어 있습니다. 여러분도 나를 통하여 모든 인간과 연결되어 있습니다. 그것을 잘 기억해 두도록 하십시오. 나는 정말로 여러분과 함께 지구를 아름다운 별로 가져가고 싶습니다. 그러므로 우리들의 계획에 정말로 협력해 주었으면 합니다. 나로부터의 부탁입니다.

여러분에게 축복을…… 나는 언제나 여러분의 마음속에 있습니다.

7) 나와의 약속을 기억해 주기 바란다

나는 여러분의 아버지이고, 여러분의 어머니입니다. 여러분의 모든 것이기도 합니다. 여러분이 나로부터 갈라져 나와 활동을 시작했을 때로부터, 우리들은 여러분의 모든 것을 계획하고 있었습니다.

여러분은 지금 여기에 우연히 와 있다고 생각하고 있습니다. 하지만 그렇지 않습니다. 아득한 태고의 무렵부터, 이미 이 날이 결정되어 있었습니다. 모두 나를 만난다는 약속을 했습니다. 여러분이 그것을 원했습니다. 나를 직접 만나고 싶다고 여러분이 요구했습니다. 나는 요구해온 사람은 누구나 약속하여 만나기로 했습니다. 그리고 그 기회가 언제가 될까를 항상 생각하고 있었습니다.

오늘은 매우 중요한 날입니다. 여러분! 부디 생각해 내도록! 나를 만나고 싶다고 말했던 때의 일을 기억해 주기 바랍니다. 나는 이 지구를 완전히 새롭게 만들어 되돌리는 날이 온다는 것을 이야기한 적이 있습니다. 그 때 여러분은 아무쪼록 그 시기가 되면 꼭 협력하고 싶다고 나에게 약속해 주었습니다. 부디 생각해내 주었으면 합니다.

나는 지금 이 지구에 오고 있습니다. 이 지구를 만들고 바꾸기 위해서 내려오고 있습니다. 여러분도 빨리 생각해내, 아무쪼록 이 계획에 협력해 주었으면 합니다. 나는 지금 지구의 이곳저곳에 말하면서, 나와 약속한 사람들을 차례차례 모으고 있습니다. 머지않아 여기저기에서 그러한 인간들이 나타납니다. 그 사람들과 협력해 주기 바랍니다.

이제 지구의 흐름은 바꿀 수 없습니다. 내가 생각한 새로운 길로, 급속히 진로를 바꾸고 있습니다. 이제 아무도 멈출 수 없습니다. 이 흐름을 거부하는 사람은 새로운 지구에는 필요하지 않습니다. 새로운 지구는 매우 훌륭한 지구입니다. 항상 빛이 있습니다. 항상 기쁨이 있습니다. 인간끼리 항상 즐겁게 이야기를 주고받습니다. 사람들의 좋은 곳만 바라보며, 서로 격려하며 만납니다. 이제 괴롭다는 말조차 존재하지 않습니다.

누구라도 자연과, 그리고 나와 함께 있다고 하는 느낌을 가지고 있습니다. 굳이 '나는 신이다'라고 말할 필요는 전혀 없습니다. 굳이 그럴 필요가 없습니다. 살아 있는 것만으로 나의 존재감을 느껴 주고 있습니다. 훌륭한 지구입니다. 모두 열심히 걸어와 주기 바랍니다. 차례로 사람을 모아 동반하여 찾아와 주었으면 합니다. 이 훌륭한 지구!

여러분이 앞으로 다양한 사람을 모아 오는 것만으로, 우리는 둥둥 아름답게 지구를 만들어 갈 수 있습니다. 우리들이 만드는 지구는 훌륭합니다. 여러분이 진심으로 신을 믿고, 우주를 믿었을 때에 처음으로 실현됩니다. 신을 믿지 않는 사람, 자신을 사랑할 수 없는 사람, 이제 지구에는 필요하지 않습니다.

나는 지금 정말로 이 지구에 내려오고 있습니다. 정말로 이 지구를 만들고 바꾸겠다는 강한 뜻을 가지고 내려오고 있습니다. 여러분도 부디 과거의 약속을 기억해 주기 바랍니다.

커다란 우주의 마스터들이여, 이 사람들에게 축복을 주도록……

나는 언제라도 여러분의 마음속에 있습니다……

8) 사랑에 대하여

나는 여러분의 모든 것을 만들어 낸, 커다란 근원입니다. 오늘은 내가 여러분에게 직접 이야기를 하고자 합니다. 나는 지금까지 다양한 우주의 존재를 통해, 천사를 통해, 아쉬타 코만드를 통해, 여러분에게 진리를 전했습니다. 사랑하는 것의 중요함을 몇 번이나 호소했습니다. 그러나 아직도 사랑이 여러분의 몸에 없습니다.

이것은 어디에 기인하고 있을까요? 몇 번이나 말했지만, 사랑은 몸에 익혀지지 않았습니다. 이제 사랑이라는 말을 듣는 것만으로 싫증을 내는 사람조차 있습니다. '귀찮다, 지겹다, 이제 그만 얘기했으면 좋겠다', 그러한 인간뿐입니다. 왜 사랑이 중요한 것인가, 그 근본이 이해되지 않고 있습니다. 대부분이 '그 사람은 나를 사랑해 주지 않는다', '아무도 나를 사랑해 주지 않는다' 와 같은 것만을 말하고 있습니다. 그러한 것을 말하기 때문에, 사랑이 없다고 말하는 것입니다.

여러분이 정말로 하나만 이해해 주었으면 합니다. 다른 사람에게 사랑이 없다고 말하고 있는 것은, 자신에게 사랑이 없다고 말하고 있는 것입니다. 여러분이 보고 있는 것은 모두 여러분의 마음이 거울로서 비추어진 것입니다. 사랑이 없는 사람을 보고 있을 때에는, 자신의 마음에 사랑이 없는 것입니다. 꼭 기억해 두기 바랍니다. 눈앞에 있는 사람에게 사랑을 느낀다면, 자신의 마음에 사랑이 있는 것입니다.

이곳을 찾아오는 사람들 중에서, 정말로 자신이 사랑으로 가득 흘러 넘치고 있다고 느끼고 있는 사람이 얼마나 있습니까? 이만큼 우주의 공부를 하면서도, 몇 번이나 몇 번이나 이곳에 와 배움을 계속하면서도, 자신을 가지고 '나는 사랑으로 가득 흘러 넘치고 있습니다!'라고 말할 수 있는 사람이 얼마나 있나요? 이곳을 찾아오는 여러분이 이런 상황이라면, 보통의 인간은 얼마나 사랑이 없는 것인지, 설명하지 않아도 알 것입니다.

지금 이대로는 정말로 지구가 성립되지 않습니다. 사랑으로 가득 흘러 넘치는 별을 만드는 것, 이것이 내가 이 지구를 만든 목적입니다. 여러 가지 생명이, 다양한 동물이, 다양한 존재들이 모두 이 지구상에서, 각자 다른 형태의 새로운 사랑을 발견하면서 서로 기쁨을 나누어 가는 것, 그것이 이 지구의 목적입니다. 그러한 목적을 달성할 수 없다면, 이 혹성은 성립되지 않습니다. 이 지구라고 하는 별은, 지금 정말로 위태로운 상황에 처해 있습니다.

우리가 몇 번이나 몇 번이나 호소한 사랑이라는 말, 대부분의 사람이 이해하지 않고 있습니다. 우리는 정말로 지금 모든 계획을 변경하고 있습니다. 지금까지의 계획으로는 어떤 길을 가더라도, 사랑이 있는 인간이 나오지 않는다는 것이 밝혀지고 있습니다. 앞으로의 지구의 역사가 정말로 사랑이 있는 별을 향해 가는 것인지, 아니면 이 우주로부터 자취를 감추어 버리는 것인지, 그 열쇠는 모두 여러분의 마음속에 들어 있습니다.

'나 혼자서 어떻게……' 라든지, '아무리 내가 해 보더라도……' 와 같은 마음으로 항상 자기를 정당화하고 있습니다. 그러므로 사랑이 없다고 말하고 있는 것입니다. 인간 한 사람의 사랑의 힘은 매우 위대합니다. 몇 백만 명의 인간에게 사랑을 줄 수가 있습니다. 단 한 사람일지라도, 그 만큼의 능력을 나는 여러분의 마음속에 묻고 있습니다. 그러나 아무도 그것을 깨닫지 않고 있습니다.

　자신을 사랑해 주었으면 좋겠다는, 단지 그것만을 바라고 있습니다. 자신으로부터 먼저 사랑하려고는 아무도 생각하지 않고 있습니다. 왜 사랑 받고 싶어 하는 것입니까? 왜 먼저 사랑하려 하지 않는 것인가요? 확실히 지금의 인간은 약합니다. 주변에 에너지에 지고 맙니다. 강한 인간의 힘에 져버리고 맙니다. 그러나 여러분의 마음의 사랑은 그것보다 강한 것입니다. 그러한 인간조차도 자신의 사랑으로 감쌀 수가 있습니다.

　좀 더 자신의 마음속에 있는 사랑의 강함을 인정해 주기 바랍니다. 자신이 비록 그 누구로부터도 사랑 받지 못한다 하더라도, 자신은 그 누구라도 사랑할 수 있는, 그러한 마음을 빨리 몸에 익혀 주었으면 합니다. 지금 지구 인류에게 가장 필요한 것은, 먼저 사랑하는 것입니다. 사랑 받는 것은 아닙니다. 사람을 사랑한다는 것이 얼마나 고귀한 일일까요?

　이곳을 찾아오는 많은 사람들은, 일단 나의 이야기는 성실하게 듣고 있습니다. 지금까지도 언제나 그래왔습니다. 그렇지만, 사랑을 실천한 사람은 거의 없었습니다. 막상 자신과 가치관이 다른 인간이 눈앞에 오면, 자연스럽게 거절 반응을 일으킵니다. 아직 그는 뒤떨어져 있다고 판단하고 있습니다. 아직 그 사람은 진리를 모른다는 식으로 평가하고 있습니다.

　여러분보다 유치원에 다니는 아이들이 훨씬 더 사랑으로 가득 흘러 넘치고 있다는 것을 인정하지 않으면 안 됩니다. 지식이나 지위는 아무런 쓸모가 없습니다. 자신의 마음속을 잘 바라보기 바랍니다. 사랑을 멀리하고 있는 원인은 무엇입니까? 사랑을 표현하지 못하게 하는 원인은 무엇인가요? 각자 자신의 마음을 솔직하게 바라봐 주었으면 합니다.

많은 경우 사람을 사랑할 수 없는 이유는, 자신을 사랑해 주지 않을 것 같은 인간에게는 처음부터 자신도 사랑하려 하지 않는 데 있습니다. 처음 부터 대상을 구하고, 자신을 사랑해 줄 가능성이 있는 사람에게만 사랑을 표현하고 있습니다. 그리고 자신을 사랑해 줄 것인가를 시험합니다. 자신 이 생각했던 대로 자신을 사랑해주면, 그 사람은 좋은 사람이라고 판단합 니다. 자신의 생각했던 대로 되지 않고 사랑해 주지 않으면, 그 사람은 싫 은 사람, 그 사람은 사랑이 없는 사람이라고 판단합니다. 그것이 보통의 지 구 인류의 패턴입니다. 처음부터 사랑 받는 것을 전제로 하여 행동을 취 하고 있습니다.

사랑하는 것이 왜 중요할까요? 여러분은 사랑 받는 것 밖에 생각해오지 않았기 때문에, 사랑하는 것의 중요함을 거의 생각한 적이 없습니다. 그러 므로 왜 사랑하는 것이 중요한가를 물어봐도, 착실한 답을 하는 사람이 거 의 없습니다.

대부분의 경우 사람을 사랑한다고 할 경우에도, 담보를 요구하거나 자기 자랑을 하고 있습니다. 그것은 사랑이 아닙니다. 왜 사랑하는 것이 중요할 까요? 여러분 자신이 살기 위해서는, 자신을 사랑하지 않으면 안 됩니다. 자 신을 사랑하지 않고 살아 보았자, 거기에는 어떠한 즐거움도 없습니다. 언 제나 불평만을 낼 뿐입니다. 정말로 인생의 기쁨이라는 것을 느끼기 위해 서는, 진정한 사랑에 접하는 것이 필요합니다.

진정한 사랑이라는 것은 무엇일까요? 정말로 상대의 가치를 인정하고 마 음속으로부터 그 훌륭함을 이해하고 존중해주는 것입니다. 즉 상대가 살 아 있다는 그 가치 자체를 인정해 주는 것입니다. 눈앞의 사람의 가치를 인정할 수 있다는 것은 자기 자신의 가치를 인정하고 있는 것입니다. 눈앞의 사람은 모두 자신의 마음이 비추어진 거울이기 때문입니다. 모든 사람에게서 모든 존재 가치를 인정할 수 있는 것은, 자기 자신의 가치를 어느 면으로부터 보더라도 인정할 수 있을 만큼 자신을 이해하고 있는 것입니다. 그것은 즉 자기 자신을 사랑하고 있는 것입니다.

자기 자신을 사랑하지 않고서는, 자신의 마음의 평안은 좀처럼 찾아오지 않습니다. 타인의 비판만 하고 있더라도, 자신은 아무런 기쁨도 얻을 수 없습니다. 그럼에도 불구하고 대부분의 사람들은 '사랑해 주지 않는다', '그 사람은 사랑이 없다'는 것만을 말하고 있습니다. 자신의 마음은 평안하지 않다는 것을 증명하고 있는 것입니다. 여러분은 각자 진지하게 자신을 사랑하고, 사람을 사랑하는 것을 실천할 필요가 있습니다.

앞으로의 여러분의 인생 속에, 다양한 인간관계가 방문할 것입니다. 그 하나하나가 모두 여러분의 마음속에 있는 사랑의 발달 정도를 확인하기 위한 것입니다. 아직 미숙한 레벨인지, 이미 충분히 사랑할 수 있을 정도가 되었는지, 항상 그것을 체크되고 있습니다. 여러분이 눈앞의 사람에게 발하는 말 하나 하나에 그 테스트가 행해지고 있습니다. 일순간 테스트 되고 있습니다.

여러분은 어디까지 사랑이 자라왔습니까? 이제 충분히 사랑을 몸에 익혔습니까? 앞으로의 여러분의 인생 가운데, 사랑을 항상 충분히 실천하여 새로운 시대에 활약할 수 있다고 인정된 사람에게는 그 자격이 주어질 것입니다. 할 수 있다면 모든 사람이 사랑을 몸에 익혀 새로운 시대에서 만날 수 있기를 나는 바라고 있습니다.

여러분에게 축복을…… 나는 언제나 여러분의 마음속에 있습니다.

9) 모든 인간의 마음속에 신이 있다

나는 여러분의 아버지이자, 여러분의 어머니이며, 여러분을 만들어낸 창조의 대원大元입니다. 여러분 중에는 나를 처음부터 의심하고 있는 사람이 있습니다. 나는 여러분의 마음속에 있습니다. 모든 인간의 마음속에 나는 있습니다. 여러분은 모두 나의 아이입니다…….

나는 지금 이렇게 여러분 앞에 오고 있습니다. 이것은 단순히 흥행을 위해 오고 있는 것은 아닙니다. 여러분의 마음속에 내가 있다는, 그 증거를 하기 위해서 입니다. 나는 특정한 인간에게 밖에 나타날 수 없는 것은 아닙니다. 모든 인간의 마음속으로부터 나타날 수 있습니다. 그러나 나를 인정하지 않는 사람에게는 나는 나타날 수 없습니다.

여러분이 몇 만 년 동안 쌓아 올린 이 문명, 지금 보기 좋게 붕괴하려 하고 있습니다. 많은 인간이 그 파괴에 손을 대고 있습니다. 여러분의 소망은 무엇입니까? 무엇을 해 주면, 신을 믿는 것입니까? 여러분이 바라는 것은 모두 주었습니다. 이제 더 이상, 무엇을 바라고 있는 것입니까?

여러분은 나의 아이입니다. 나와 같은 능력을 여러분은 모두 사용할 수 있습니다. 자신의 현실을 스스로 만들 수가 있습니다. '즐겁다', '분하다' 모두 자신이 만든 것입니다. 나는 그러한 창조의 근본의 에너지를 여러분에게 주었습니다. 그것을 어떻게 사용할지는 여러분의 선택입니다. 나는 당연히 여러분이 많은 기쁨을 선택하기를 바라고 있습니다. 그러나 그것을 선택하지 않았다고 해서, 하나하나 꾸짖을 생각은 없습니다. 여러분의 선택의 자유를 나는 허락하고 있기 때문입니다. 다만, 이제 이 지구에는 필요하지 않습니다.

여러분에게 다시 한 번 말합니다. 자신의 현실은 스스로 만듭니다. 다른 사람에게 맡겨서는 안 됩니다. 다른 사람의 탓으로 돌리더라도 나아갈 수 없습니다. 여러분 스스로 만들어가는 것입니다. 왜냐하면, 여러분에게는 나의 에너지가 흐르고 있기 때문입니다. 자신의 세계는 스스로 만들어 간다는 에너지를 모두에게 흘리고 있기 때문입니다. 여러분이 창조주로서의 배움을 할 수 있도록 흘리고 있는 것입니다. 빨리 그것을 깨닫고, 즐거운 현실을 자꾸자꾸 만들어 주었으면 합니다.

여러분에게 축복을…… 나는 언제나 여러분의 마음속에 있습니다.

10) 여러분은 우주이며 또한 신이다

안녕하십니까? 오늘 나는 창조주로서 지금 이 자리에 왔습니다. 다만 여러분이 상상하고 있는 창조주와는 또 다른 타입입니다. 이것은 또한 재미있는 전개가 될 것 같기에, 그 설명을 하도록 하지요.

여러분은 창조주라고 하면 이 우주를 만든 근원으로, 모든 것을 만들었고, 또한 모든 것이 신이기도 하다는 식의 이미지를 가지고 있습니다. 여러분의 인간적인 지각 능력으로는 거의 이해할 수 없는 세계가 무수히 있다는 점을 우선 명확히 인식해 두시기 바랍니다. 여러분이 아무리 상상력을 높이더라도 결국에는 인간이 생각할 수 있는 범위 내의 상상력입니다.

여러분이 아무리 생각을 한다 하더라도, 돌고래나 다른 동물에 대한 개념은 짐작조차 가지 않을 것입니다. 하물며 우주에 관해서는 여러분이 어떤 식으로 상상을 하더라도 기본적으로는 무리라는 점을 우선 이해해 두도록 하십시오.

그리고 지금 우리는 여러분에게 그 근본에 대해 이야기를 하고 싶습니다. 이 우주는 여러분과 함께 존재하고, 여러분과 일체라는 점을 우선 알아주었으면 합니다. 여러분의 세계에서는 우리와 의사소통을 하는 것은 매우 어려운 것이라 여겨지고 있습니다. '인간이 신과 이야기를 나눈다……', 그러한 것을 입에 담는 것만으로도 대부분의 사람들은 '악령에 홀려 있다'라든가 '미치광이다' 혹은 '상상력으로 꾸며내고 있다'라는 식의 판단을 내리겠지요.

하지만 실제로 우리는 어떤 인간에게도 반드시 에너지를 통해 나타날 수가 있습니다. 그것이 현실에서 이루어지고 있습니다. 여러분에게 때때로 떠오르는 영감이나 생각들, 모두는 아닙니다만, 그 중 몇 개인가는 우리에게서 보내진 것도 있습니다. 일반적으로 여러분이 자신이 해야 할 일을 사명으로서 받아들이는 것과 같은 경우, 바로 우리로부터 그런 영감을 보내는 경우가 있습니다. 여러분이 무엇인가를 하지 않으면 안 된다든가, 이것을 정말로 해보고 싶다든가, 그런 근본적인 곳에 생각이 미칠 때에도 우리로부터 에너지를 받아들이는 경우가 있습니다. 따라서 어떤 인간이라도 반드시 우리와 의사소통을 취하고 있다는 사실을 우선 이해해 둘 필요가 있습니다.

우리와 의사소통이 가능하다는 것은 별로 특수한 능력이 아닙니다. 누구나 할 수 있는 일인 것입니다. 다만 인정하지 않고 있을 뿐입니다. 인정하지 않기 때문에 믿지도 못할 뿐더러, 믿으려 하지도 않는 것입니다. 하지만 실제로 우리는 여러분 모두의 진실한 마음속으로부터 나타날 수가 있습니다. 여러분은 우선 그 점을 명확히 이해하고, 자신의 마음속으로 느껴보시기 바랍니다. 우선은 이것을 진심으로 실천해 주시기 바랍니다.

여러분의 마음, 실로 이 마음이라는 것은 매우 훌륭한 시스템입니다. 사람에 따라서는 마음이라는 것은 자신이 생각한 상상으로만 이루어진 세계이며, 그곳에는 자신의 상상력만이 존재한다고 생각할지도 모릅니다. 하지만 마음이라는 시스템 속에는 여러분이 생각하거나 상상한 에너지만이 있는 것이 아니라, 우리나 다른 존재들로부터 보내지는 에너지도 포함되어 있고, 또 그 마음에 흘려보낼 수가 있습니다.

따라서 갑자기 어떤 생각이 떠오르거나, 무언가 특별한 감정에 사로잡힌다든지, 아니면 어떤 영감을 받거나 했을 때, 그것은 여러분의 머리 이외의 영역으로부터 에너지가 흘러오고 있다는 증거입니다. 그리고 그 에너지의 종류는 여러분의 영혼으로부터 오는 에너지일 경우도 있고, 또는 영혼의 동료로부터 오는 에너지이거나 아니면 천사로부터 오는 에너지와 같이 다양한 종류가 있습니다. 모두 여러분의 성장을 위해서 필요한 정보를 보내주고 있습니다. 여러분이 조금이라도 기쁨을 손에 얻고 인생을 가치 있게 살아 주기를 바라며, 그러한 정보를 보내주고 있는 것입니다.

우리도 여러 가지 정보를 보냅니다. 하지만 우리는 그들과는 방향성이 조금 다릅니다. 우리가 보내는 에너지라는 것은 여러분의 입장에서 보면 반드시 기쁘다거나 즐겁다고 할 수는 없습니다. 좀 더 다른 영감인 경우가 있습니다. 여러분이 혼자 괴로워하고 있을 때, 그것에서 진정으로 벗어나고자 진지하게 고민하고 있을 때, 마음 깊은 곳에서는 무언가에 도움을 요청하고 있습니다. 구원을 요청하는 에너지를 계속해서 발산하고 있습니다. 하지만 보통 그것에 반응해서 찾아오는 존재들은, 그때 발산하는 에너지와 같은 파장을 지닌 존재들입니다. 결국 괴롭거나 슬픈 상황에 있는 그러한 존재들을 끌어당기게 됩니다. 그리하여 여러분은 불필요하게 더욱 슬퍼지거나 괴로워지게 되어 비명을 지르게 됩니다.

여러분의 영혼이나 가이드라고 불리는 분들은, 그러한 상황을 보고 조금이라도 사랑의 에너지를 보내려고 생각합니다. 하지만 일반적으로 여러분의 마음은 여러분이 발산한 파장에 동조해서 끌려오는 그러한 외부의 존재들에 의해 지배되어 있어 좀처럼 사랑의 에너지가 들어올 수가 없는 상황입니다. 그 때 영혼은 여러 가지 수단을 통해 그런 부조화한 에너지를 걸어내고 조금이라도 빛을 보내려고 궁리를 합니다. 여러분의 인간 친구를 여러분이 있는 곳으로 오게 하여 조언을 하게 하거나, 재미있는 책을 소개하도록 유도하는 등…… 여러 가지 상황을 설정하여 조금이라도 마음이 해방될 수 있는 방향으로 이끌어갑니다. 가이드나 천사들도 마찬가지 방법으로 여러분의 마음이 조금이라도 자유로워질 수 있도록 활동해 갑니다.

하지만 우리는 그러한 식의 방식은 거의 취하지 않습니다. 우리가 그런 상황에 개입하게 될 경우에 취하는 방식은, 우선 여러분에게 찾아온 같은 파장을 지닌 존재들을 먼저 여러분 자신이 제대로 바라볼 수 있도록 유도하는 것입니다. '나의 마음의 파동은 이렇다'라는 것을 스스로 바라볼 수 있도록 구조를 만듭니다. 우리는 인간적인 입장에서 볼 때 '괴롭다'고 표현될 수도 있는 수단을 통해 일을 진행합니다.

다른 사람들이 찾아와 '아니 자네, 너무 안 좋아 보여.'라는 식으로 일부러 본인을 자극하게 하여 자신이 어떤 상황에 있는지를 의식적으로 보여주게 합니다. 그에 따라 자신의 지금의 마음 상태가 어떠한 흐름에 있는지 스스로 깨달아 갈 수 있도록 유도합니다. 그렇다면 여러분은 그러한 상황을 통해 무엇을 배워야 하겠습니까? 그러한 상황을 통해 진정으로 자기 자신의 마음을 바라보고, 스스로의 힘으로 그런 부조화한 흐름을 빛의 흐름으로 바꿔가야 하는 것입니다.

우리는 언제나 그러한 방식을 취합니다. '외부의 다른 존재에게서 도움을 받는다' '다른 존재로부터 빛을 받는다', 우리는 이와 같은 방식은 일체 취하지 않습니다. 어디까지나 스스로 자신의 마음을 빛나게 하는 상황만을 유도합니다. 그를 위해 빛을 가리고 있는 것의 정체를 스스로 응시하게 하여, 자신의 힘으로 스스로 놓아갈 수 있도록 유도합니다. 우리는 항상 그런 흐름을 유도하는 기능을 행합니다. 사람에 따라서는 그것이 좀 심하다고 생각될지도 모릅니다. 하지만 우리는 항상 그러한 방식을 채택하고 있고, 또 그것이 본인 스스로 알아차리기 위한 가장 최상의 방법이라는 점을 알고 있습니다.

그렇기 때문에 여러분이 일상에서 부딪히는 여러 가지 상황에 있어서, 괴로운 일, 슬픈 일과 같은 현상이 일어났을 경우에, 그 감정대로 마냥 흘러가는 것이 아니라, 스스로를 잘 분석하여 자신의 마음을 바라봐 주시기 바랍니다. 왜 슬프다는 마음이 나온 것일까, 왜 괴롭다는 파동을 낸 것일까, 이런 근본적인 부분을 잘 응시해 주었으면 합니다. 그러한 방식으로 훈련을 해 나가면, 자신의 마음이 반응해가는 흐름이 점점 보이게 됩니다.

단순히 자신의 원망이 충족되지 않아서 슬펐던 것인지, 실현 불가능한 일을 요구하여 실현되지 않아서 슬펐던 것인지, 모든 것을 상대방에게 맡기고 잘 되어간다고 생각했지만 제대로 되지 않아 슬펐던 것인지…… 그 근본적인 흐름을 분석해 주기 바랍니다. 그렇게 하면 그 근본적인 흐름이 점점 모습을 보여 옵니다. 그 흐름을 보게 되면, 대부분의 경우 단지 '자신이 편해져 기뻐할 수 있는 상황'만을 생각하고 있었던 때가 많습니다. 그렇기 때문에 그것이 제대로 풀리지 않았을 때에 불평불만을 내게 되고, 슬퍼지거나 괴로워하게 되는 것입니다. 그러한 마음의 작용을 스스로 분석하도록 하십시오.

자신의 마음의 흐름은 어떤 경향성을 가지고 있는 것인가? 이 '마음의 흐름'이라는 것은 한 사람 한 사람이 전부 다릅니다. 자신의 경우에는 이러하므로 주변에 있는 사람도 그렇다고는 할 수 없습니다. 이 마음의 흐름은 각자가 완전히 다르게 되어 있습니다. 똑같은 현상이 자신과 옆 사람에게 발생했다고 하더라도, 그곳에서 나타나는 '마음의 흐름'은 완전히 다릅니다.

결국 자신의 마음은 스스로 분석할 수밖에 없는 것입니다. 자신의 마음을 스스로 바라보는 것이 자신이 빛이 되어가는 가장 빠른 길이라는 사실을 우선적으로 이해해 두십시오. 자신이 빛이 되어간다, 그것은 신에 가까워지는 첫걸음입니다.

여러분은 영원히 존재할 수 있는 자격을 가지고 있습니다. 영원이라고 생각되는 시간 속에서 수많은 경험을 쌓고 배움을 계속할 수가 있습니다. 그리고 다양한 지혜를 얻고, 사랑을 터득하며, 씩씩한 생명력을 머물게 할 수가 있습니다. 또한 여러 가지 체험에 기쁨을 느낄 수가 있습니다. 점점 살아 있는 것 자체가 즐거워지게 됩니다. 존재하고 있는 것만으로 기쁨을 느끼게 됩니다. 수많은 생명이 모두 그와 같은 기쁨으로 가득 찬 생명 활동을 영위하고 있다는 것이 점점 보여 옵니다.

'전체가 하나가 되어 기쁨을 느끼고 있다.' 이렇게 의식이 점점 높아지게 됩니다. 의식이 완전히 우주 레벨에까지 이르렀을 때, 확실히 자신이 이 우주 안에 존재하고 있으며 우주 자체라는 인식이 생기게 됩니다. 자신이 우주라는 인식이 들게 되면, 이제 영원의 시간 속에서 무한과 같은 기쁨과 체험을 자신의 마음속에 만들어 놓고, 연극을 할 수 있게 됩니다.

이 광대한 우주 속에서는 자신과 비슷한 의식을 지니고 있는 존재가 한층 더 다양한 활동을 전개하고 있습니다. 그들은 어떠한 기쁨을 지니고 있을까? 점점 그러한 느낌이 강해지게 되어, 다른 우주와의 교류가 시작되게 됩니다. 한 사람 한 사람의 광대한 우주, 이것을 각각 체험해보고 싶어집니다. 이 사람의 우주는 어떤 우주일까, 이런 느낌이 생기게 됩니다. 상대의 허가를 얻어 자신의 의식의 일부를 상대의 의식 속에 하강시켜, 상대의 우주 속에서 체험을 할 수 있는 상황이 가능해집니다. 상대의 우주 법칙 안에서 자신이 체험해보는 것입니다.

자신이 만들고 있던 우주와는 전혀 다른 우주가 존재하고 있는 것에 더 큰 기쁨과 놀라움이 솟아납니다. '아, 이런 시스템이었구나! 사람에 따라서 전혀 다르구나.' 그러한 것을 재차 이해하게 되겠지요. 이런 체험을 하게 되면 한층 '다른 사람의 우주는 어떤 우주일까?' 라는 호기심이 끓어올라, 또 다시 다른 우주에서 경험을 하고 싶어집니다. 그리고 차례로 다른 사람이 창조한 우주 안에서 자신도 체험을 쌓아 갑니다. 이렇게 해서 여러 가지 의식이 만들어 낸 우주를 즐겨 갑니다. 여러 가지 시스템이 있고, 다양한 에너지의 사용법이 보이게 됩니다. 이것을 무수히 체험해 가면 어떤 공통점이 보이게 됩니다.

각각의 의식이 만들어 낸 우주는 어떤 우주라도 '기본적인 패턴'이 있습니다. 반드시 창조주라 불리는 존재가 있고, 천사라 불리는 존재가 있으며, 진화를 하고 있는 생명체가 존재하고 있습니다. 어느 의식의 우주에도 반드시 이것이 존재하고 있습니다. 하지만 각 우주의 창조주의 모습은 각각의 우주에 따라 모두 차이가 납니다. 그렇다면 진정한 창조주는 어떤 존재인가, 언젠가의 시점에 이르러 그것에 의문을 가지게 됩니다. 진정한 창조주는 이만큼 다양한 여러 가지 우주를 만들어낸 원래의 존재라는 사실을 깨닫게 되면, 그 시점에서 의식이 완전히 별개의 차원으로 들어갑니다.

우리가 말하고 있는 이 우주라는 것은 단순히 인간적인 개념을 통해 만들어진 우주만을 이야기하고 있는 것은 아닙니다. 지금 우리가 말하고 있는 것은 그것과는 전혀 견해가 다릅니다. 한 사람 한 사람이 만들고 있는 우주의 집합체로서의 우주가 있습니다. 이 집합체의 우주를 만들어 낸 존재를 임시로 창조주라고 부르도록 하겠습니다. 창조주는 어떻게 하여 이러한 우주를 만들어 냈을까요? 창조주는 정말로 훌륭한 여러 가지 지혜를 사용하고, 궁리를 거듭하여, 다양한 일을 진행하고 있습니다.

이 우주의 경우는 근본의 창조주를 중심으로 하여 다른 우주를 돕고 있는 동료들을 많이 모아 와서, 그들의 협동으로 만들어졌습니다. 협력하기 위해 다른 우주로부터 온 존재들을 보면 '아다미스' '아쉬타 코만드' '로라디스' '시모리스' 등이고, 그 밖에도 여러분의 이름에는 없는 존재들이 찾아 왔습니다.

'모두가 협력하면 어떤 우주를 만들 수 있을까?' 라고 정말로 즐겁게 의논했습니다. 〈다른 여러 우주의 아주 훌륭한 것들을 모두 가져 옵시다. 아다미스의 우주에서는 지적 생명체끼리의 즐거움을 서로 나눌 때의 에너지 사용법에 매우 특징이 있습니다. 이것을 가지고 와서 지적 생명체끼리 서로 성장을 촉진시킬 수 있는 그런 에너지로서 우주에 도입합시다.

시모리스의 우주에서는 어떤 특별한 시스템 속에서 생명체가 그 구조에 스스로를 자유롭게 동화시키면서, 그것을 자신의 것으로 만들며 활동할 수 있는 그런 특징이 있습니다. 그것을 가져와서 이 우주 안에 집어넣읍시다.〉 그와 같이 각각의 우주로부터 특징적인 훌륭한 에너지를 많이 가져왔습니다. 이것들을 모아 이 우주를 만들면 얼마나 훌륭한 우주가 되겠습니까?

이러한 여러 가지 에너지들을 모두 아름다운 모습 그대로 사용하기 위해서는 몇 가지 설정이 사전에 이루어질 필요가 있었습니다. 〈어떠한 지적 생명체가 존속하려 하더라도, 그들의 자유 의지를 결코 침해하지 않도록 하고, 그들 자신이 에너지를 눈치 채게 되면 점차 사용할 수 있도록 조정해 주자. 에너지를 눈치 챈 존재에게는 차츰 그것을 사용할 수 있도록 만들어 놓자.〉 우선은 이러한 시스템을 만들었습니다.

여러 가지 생명체가 서로 간에 자신의 흐름만을 강조하면서 진화해 나가게 되면, 어느 시점에서 서로 제대로 맞물릴 수 없게 되고, 트러블과 같은 상황이 일어날 가능성이 있습니다. 따라서 자신들이 나아가야 할 방향성과 다른 의식의 방향성이 반드시 일치하지 않을 지라도, 반드시 다른 의식의 삶의 방식을 존중해야 하고, 결코 다른 의식의 삶의 방식에 간섭하는 것은 허락되지 않는다는 것, 서로의 흐름을 모두 인정해야 한다는 것, 이러한 것들도 중요한 설정 사항에 들어가 있었습니다.

우리는 이렇게 다양한 설정사항을 만들어내며, 생명체가 계속해서 자유롭고 느긋하게, 그리고 다른 의식을 파괴하는 일 없이, 다른 의식을 성장시키면서, 자신도 성장해 갈 수 있는, 그러한 시스템을 여러 모로 만들어 보았습니다. 이와 같이 이 우주를 모두가 계획하여, 기본적인 골격이 만들어졌을 때, 실제로 이 우주를 어떻게 운영해 나갈지 서로 간에 또다시 조정이 취해지게 되었습니다.

우주의 법칙은 아쉬타 코만드가 모두 관리하고, 유지하며, 진행시켜 가도록 했습니다. 그 밖에도 각 의식들의 역할을 정하여 자신들이 전력을 다해 이 우주를 멋진 우주로 만들어 가도록 활동해 가게 되었습니다. 서로 협력하면서 모두가 자신의 능력을 최대한으로 발휘했습니다. 그리고 점차 생명체가 탄생하고 진화하면서 계속해서 새로운 의식이 늘어갔습니다.

자유의지가 주어지는 우주는 위험성도 높습니다. 빛의 양과 맞먹을 정도의 힘을 지닌 빛나지 않는 존재들이 있기 때문입니다. 이것도 처음에 설정된 계획 속에 들어가 있었습니다. 자유의지, 이것을 어떻게 실현하여 나갈까요? 여러분의 언어로 선택, 이러한 선택이라는 수단을 통해 자유의지라는 것을 만들어 내기로 했습니다. 선택의 자유를 생명에게 부여하였습니다.

생명체 그 자신의 입장에서 보면 선택 사항이 반드시 명확하게 보이는 것은 아닙니다. '자신이 좋아하는 것을 한다' 그 정도로 그치고 맙니다. 하지만 우리로부터 보면 명확하게 선택 사항이 존재하고 있습니다. 빛나는 선택과 빛나지 않는 선택이 그것입니다. 이 두 흐름을 완전히 똑같은 양의 에너지로 부여했습니다.

그 생명체의 입장에서 보면 두 흐름의 에너지의 양이 완전히 똑같기 때문에, 어느 쪽이 올바른 흐름인지를 좀처럼 모르게 되어 있습니다. 그래서 어느 쪽을 선택할지 그것도 모두 본인에게 맡겼습니다. 그 가운데에는 진정으로 빛만을 선택하여, 위대한 빛으로 가득 찬 생명체로 발달한 존재도 있습니다. 반대로 빛나지 않는 흐름만을 선택하여, 주위에 파괴적인 에너지를 토해내고 있는 존재도 있습니다. 과거에 몇 번이나 이 강력한 에너지가 우주 공간에 방출되어 이 우주가 지극히 위기의 상황에 빠졌던 적이 있었습니다. 우주 연합은 그 대책을 위해 만들어졌습니다.

그들은 항상 빛의 반대편에 있는, 빛나지 않는 존재들을 의식하면서 많은 생명체의 진화를 관리하고 있습니다. 이 우주에는 빛의 반대편에 있는, 빛나지 않는 강력한 존재들이 무수히 존재하고 있습니다. 그것은 또한 같은 양의 빛이 무수히 존재하고 있기 때문입니다. 모든 것은 같은 에너지이지만, 또한 빛나는 것과 빛 이외의 것이 서로 균형을 이루며 여러분의 선택을 위해 준비되고 있습니다.

빛나는가, 빛나지 않는가, 이 차이는 무엇이겠습니까? 우리의 관점에서 보면 사실은 매우 단순합니다. 우리의 생각이 실현되고 있는 흐름은 빛나고 있습니다. 우리가 바라고 있지 않은 흐름은 빛나고 있지 않습니다. 단지 그

만큼일 뿐입니다. 그렇기 때문에 여러분이 정말로 우리와 하나가 되어, 항상 우리와 의사소통을 하고 있으면 빛 밖에 안 보일 것입니다.

우리는 지금 여러분이 있는 곳에 내려와서, 여러 가지 신의 흐름을 증명하려 하고 있습니다. 무엇을 위해 이런 것을 하고 있을까요? 우리는 정말로 여러분이 '자신이 신이다'라는 것을 실감하기를 원하고 있습니다. 왜 일까요? 그것은 여러분 자신이 빛이기 때문이며, 또한 항상 빛의 길을 걸어가 주기를 바라고 있기 때문입니다.

사랑하는 마음은 빛나고 있습니다. 올바른 마음, 이것은 빛으로 가는 길입니다. 우리의 생각이 항상 여러분의 마음속에 있다면, 항상 사랑할 수가 있고 올바른 방향으로 나아갈 수가 있습니다. 그렇기 때문에 여러분이 우리와 함께 했으면 하는 바람으로, 지금 우리가 이렇게 찾아오고 있는 것입니다. 우리를 외면하고서 어떻게 여러분이 사랑이나 올바른 길을 몸에 익힐 수 있겠습니까? 우리의 생각이 바로 빛이라는 사실을 잊지 말아야 합니다. 우리와 연결되지 않고 어떻게 빛의 방향성을 알 수 있겠습니까?

지금 여러분의 위대한 동료들이 모두 모여 오고 있습니다. 진지하게 빛을 느끼려고 노력해 보시기 바랍니다. 마음속에 빛을 좀 더 강하게 가져 주셨으면 합니다. 우선 여러분의 마음속에 창조주의 근본 에너지 하나를 나누어 드리겠습니다. 잘 느껴봐 주십시오.

이것은 창조의 에너지의 근원입니다. 이것은 여러분이 자신의 현실을 보다 쉽게 만들 수 있도록 해 줍니다. 여러분의 바라는 바가 쉽게 실현될 수 있도록 해 줍니다. 잘 음미해 보시기 바랍니다…….

우리와 연결되어 있다는 것은 우리의 빛으로 가득 찬 생각이 항상 여러분의 마음에 있다는 것을 의미합니다. 빛의 흐름으로 현실을 만들어 내야 합니다. 이것을 잊지 마시기 바랍니다. 빛 이외의 흐름을 생각해도 실현되기는 합니다. 하지만 그것에 대해서는 여러분 스스로 책임을 지도록 하십시오. 우리는 빛 밖에 보지 않습니다. 우리는 빛 이외의 흐름에는 관여하지 않습니다. 여러분 밖에 관여할 수 없도록 짜이고 있습니다.

스스로 만들어낸 빛 이외의 흐름들은 본인 스스로 그것을 빛의 흐름으로 수정할 수밖에 없습니다. 그 밖의 방법으로는 그것들을 빛으로 변하게 할 수 없다는 사실을 이해해야 합니다. 우리는 지금 여러분이 스스로 만든 빛 이외의 것들에 빛을 넣어갈 수 있는 씨앗을, 여러분에게 부여하고 있을 뿐입니다. 이것으로 여러분이 생각하는 것은 모두 실현되기 쉬워질 것입니다. 그것은 빛의 흐름이나 빛 이외의 흐름에 있어서 마찬가지 작용을 합니다. 다만 빛나지 않는 현실에 있어서는 스스로 책임을 지고 빛을 넣어 가야 하는 점에 차이가 있습니다. 빛나지 않는 현실에 대해서, 다른 사람이나 신을 원망하지 않도록 하십시오. 그것은 자신이 스스로 만들어 냈다는 사실을 우선 이해해야 합니다.

우리로부터 하나 더 선물을 드리고 가겠습니다. 커다란 신들과의 접촉이 좀 더 쉬워지도록 증표를 붙여 드립니다. 자신이 신이라는 사실을 명확히 의식해 두십시오. 신은 자신이 신임을 믿고 있는 사람에게 밖에 방문하지 않습니다. 그것을 꼭 이해해 두시기 바랍니다.

만약 우리와 교류하기를 원한다면, 우선 '나는 신이다'라고 하는 것을 명확히 선언하도록 하십시오. 세상의 위대한 마스터들을 보십시오. 신과 대화를 나누는 자는 모두 자신이 신이라는 사실을 이해하고 있는 사람들입니다. 여러분도 마찬가지입니다. 자신이 신이라는 사실을 이해하게 되면 언제라도 우리와 직접 의사소통을 할 수가 있습니다. 그것을 꼭 이해해 두시기 바랍니다.

11) 자신만의 우주

나는 여러분의 모든 창조의 근원으로서 지금 이곳에 오고 있습니다. 자신이 바로 나(Creator)라고 하는 것, 이것을 마음속으로 이해하는 것은 아직은 여러분에게 확실히 어려운 일인지도 모릅니다. 하지만 언젠가 반드시 그러한 때가 온다는 것을 이해해 두기 바랍니다.

여러분이 지금부터 하지 않으면 안 되는 일들이 가득 준비되어 있습니다. 그 중의 하나로, 우선 자신이 정말로 신이라는 것(GOD I AM)을 선언할 때가 옵니다. 그것은 우리에게 있어서도 매우 기쁜 일이며, 많은 우주의 동료들이 보더라도 매우 훌륭한 일입니다. 자신이 신이라는 것을 명확하게 선언하는 것, 이것은 자신의 진정한 본래의 모습에 눈을 뜨는 일이기도 합니다.

지금까지 많은 이들이 '빨리 진정한 자신에 눈을 뜨라'거나 '자신의 진정한 모습을 찾으라'고 말해왔습니다. 하지만 가르치는 사람들 대부분은 그것에 대한 명확한 해답을 주지 못했습니다. 각자의 진정한 모습은 바로 신이라는 것, 그것에 결부시켜 말해온 이가 거의 없었습니다. 지금부터 나는 여러분에게 거대한 각성을 주려 합니다. 여러분이 진정으로 자신에 눈을 뜰 때, 여러분이 정말로 지금 왜 여기에 있는지를 이해하게 됩니다.

나는 여러분에게 지금 여러 가지를 시도하려고 생각하고 있습니다. 우선 우리의 진정한 모습에 대해 조금씩 설명을 해 나갑시다. 여러분은 창조주라든지, 창조의 대원大元이라는 말을 들었을 경우, 이 우주를 근본으로부터 만든 하나의 존재를 연상합니다. 하지만 사실은 그것과는 완전히 다릅니다. 우리는 인간이 아닙니다. 육체를 걸친 생명도 아닙니다. 원래 생명이라는 것이 존재하기 전부터 우리는 존재하고 있습니다.

여러분이 어떠한 상상력을 발휘하더라도, 결국에는 나의 1억분의 1도 이해하기 어렵습니다. 나는 에너지가 아닙니다. 에너지를 만들어낸 원래의 원래의 원래의 근원입니다. 하지만 여러분과 이렇게 의사소통을 할 수가 있습니다. 그것은 의식이 있기 때문입니다. 여러분은 아직 이 의식이라는 것에 대해 거의 관심을 가지지 않고 있습니다. 하지만 본질은 이 의식인 것입니다.

의식은 우주를 시작하기 전부터 존재하고 있습니다. 나는 이 우주를 만들려고 생각했을 때, 그러한 구상으로부터 이 우주를 만들기 시작했습니다. 이미 의식은 존재하고 있었습니다. 하지만 나는 이 우주를 만들 때, 여러 존재들의 협력을 얻어 이 시점까지 이끌어 왔습니다. 그 많은 존재들도, 각각 의식을 지니고 있습니다. 의식은 명확하게 각기 완전히 다른 성질을 지니고 있습니다. 나의 의식보다 아득하게 훌륭한 에너지를 발산할 수 있는 의식이 있습니다. 나보다 아득하게 풍부한 경험을 지니고 있는 의식도 있습니다.

미카엘은 그 가운데에서도 뛰어난 의식입니다. 이 우주를 만들 때부터, 꽤 협력을 받고 있습니다. 아쉬타 코만드도 상당히 훌륭한 의식입니다. 역시 이 우주를 만들 때, 최초부터 협력을 받고 있습니다. 그 밖에도 다양한 의식들의 협력을 받아, 이 우주가 만들어지고 있습니다.

나는 이와 같이 복수의 의식과 협력하면서, 이 우주를 만들어 왔습니다. 거기에는 커다란 의미가 있습니다. 이 우주는 여러 가지 의식들에 의해, 각각의 의식들의 궁리와 창의를 모아 만들어졌기 때문입니다. 나 혼자서 이 우주를 만든 것이 아닙니다. 각각의 위대한 의식들이 서로 협력하여 이 우주를 만든 것입니다. 그리고 훌륭한 시스템들을 차례로 이 우주에 도입했습니다. 여러분의 말로 말하는 '우주의 법칙', 이것은 아쉬타 코만드가 심혈을 기울여 정말로 다방면으로 궁리하면서 운영하고 있습니다. 이 우주 법칙 덕분에 많은 생명이 진화라는 현상을 통해 성장해가고 있습니다.

성장이라는 것은 무엇일까요? 의식이 우리의 레벨에까지 도달하는 것을 말합니다. 머지않아 우리의 레벨에까지 도달한 의식은 한층 더 새로운 창조주가 되어 여러 우주를 만들기 시작합니다. 어떤 우주를 만들어낼 것인지 우리도 상당한 흥미를 가지고 있습니다. 왜냐하면 우리가 이 우주에서 만들어낸 각각의 의식이라는 것은, 한 사람 한 사람 또는 하나하나가 완전히 다른 특성을 지니도록 만들어졌기 때문입니다. 여러분 한 사람 한 사람이 완전히 다른 의식으로서 만들어진 것입니다. 그렇기 때문에 각자가 만들어내는 우주는 한 사람 한 사람이 완전히 다르게 되어 있습니다. 어떤 우주를 만드는 것인지, 우리는 매우 흥미를 느끼고 있습니다.

여러분 중에서도 과거에 몇 차례나 우주를 만들었던 이가 있습니다. 그리고 지금 이 우주에 찾아와, 새로운 배움을 위해 육체를 걸친 영혼이 있습니다. 정말로 여러 가지 우주가 존재하고 있습니다. 각기 완전히 다른 우주가 생성되어 있습니다. 그 가운데에는 정말로 훌륭한 우주가 있습니다.

빛 밖에 없는 우주, 꿈과 희망만이 존재하며 기쁨으로 가득 넘치는 생명들만이 존재하고 있는 우주가 있습니다. 반면에 빛이 적고, 항상 혼란으로 가득 차 있는 우주도 있습니다.

각각의 창조주의 생각에 의해 만들어지고 있습니다. 어떤 우주를 만들 것인지 그것은 모두 그 의식의 자유에 맡겨져 있습니다. 여러분도 머지않아 창조주가 되었을 때, 자신이 생각한 대로의 우주를 만들 수 있을 것입니다. 그것을 위한 연습의 장소場所로서 앞으로 지구에 다가올 새로운 시대에는 자신이 생각한 것이 현실화되어 가는 시스템이 준비되어 있습니다. 새로운 시대는 바로 여러분이 자신의 우주를 만드는 첫걸음이 되는 것입니다.

자신이 생각한 대로 현실화한다, 이것은 단순한 농담이 아니라 실제로 그렇게 됩니다. 기쁨을 가득 창조하고 있는 사람에게는 정말로 기쁨에 넘치는 우주가 완성됩니다. 항상 부정적인 생각을 가지고 있는 사람에게는 부정적인 현실이 닥쳐오게 됩니다. 일상의 구상構想이 그대로 현실화하는 것입니다. 그러한 시대가 지금부터 다가옵니다. 이러한 모든 것들은 자신이 신이라고 하는 그것을 이해시키기 위한 현상입니다. 자신이 생각한 대로 현실화한다는 것, 자신이 현실의 창조자라는 것, 그리고 최종적으로는 자신이 우주의 창조주라는 것, 그것들을 이해하기 위한 여러 가지 프로세스가 지금부터 여러분을 습격합니다.

여러분 각자의 마음속에는 창조주로서의 에너지가 모두 들어 있습니다. 한 사람 한 사람이, 그 에너지가 미묘하게 차이가 납니다. 때문에 같은 우주를 만드는 것은 불가능합니다. 한 사람 한 사람의 우주관이 차이가 납니다. 따라서 자신의 현실을 만들어갈 때, 다른 사람의 이야기를 들어본들 참고가 되지 않습니다. 자신의 우주를 만드는 방법은 스스로 터득할 필요가 있습니다. 그를 위해서는 여러분의 영혼과 지속적인 교류를 취하면서, 자신의 우주를 만들어갈 필요가 있습니다.

다른 사람의 우주에 대한 이야기를 들었다 하더라도, 비록 재미있을지는 모르지만, 자신에게는 도움이 되지 않습니다. 따라서 단지 듣는 것만으로 자신의 우주관 즉 자신의 우주적 진리 속에 포함시켜서는 안 됩니다. 자신의 우주 진리는 스스로 만들어 가도록 하십시오. 다른 사람을 자신과 다르다고 해서 비판해서는 안 됩니다. 다른 사람은 그 사람만의 진리가 있으며, 그 사람만의 우주관이 있습니다. 그것을 깨트리려 해서는 안 됩니다. 자신은 자신의 우주관을 완성시켜 가는 것입니다. 여러분은 지금부터 그러한 관점에서 행동해 나가게 됩니다.

많은 사람들은 아직도 그러한 의식에 미치지 못하기 때문에, 여러분에게 비판적인 말을 해올 것입니다. 하지만 여러분은 자신의 진리를 굽혀서까지 다른 사람들에게 맞추어 갈 필요는 없습니다. 어디까지나 자신의 진리를 견지하도록 하십시오. 항상 여러분의 마음속 깊은 곳에서부터 자신은 신이라는 것을 이해해 주었으면 합니다.

이제 여러분의 가슴 챠크라로 나의 에너지를 강하게 흘려보내므로, 각자 창조주의 에너지라는 것은 어떤 것인지를 스스로 느껴보기 바랍니다. 한 사람 한 사람이 모두 다르기 때문에, 다른 사람의 이야기를 기준으로 평가하지 않도록 하십시오. 자신이 어떻게 느끼는지, 자신 안의 창조주를 스스로 느낄 경우에는 어떤 느낌이 드는지를 스스로 연습해 주었으면 합니다. 그럼 각자 가슴 챠크라 부위에 손을 대고 의식을 집중해 주기 바랍니다…….

이 에너지를 여러분은 머지않아 명확하게 이해될 수 있게 됩니다. 그리고 항상 이것을 의식하면서 행동하게 됩니다. 각자 자신의 마음속에서 이 에너지를 확실히 느끼게 됩니다. 누구나 자신 안에 신이 있으며, 자신 또한 그것을 구현 시키는 하나의 인간이라는 사실에 눈을 뜨게 됩니다. 여러분도 우선은 그것을 실천할 수 있도록 노력해 주기 바랍니다.

여러분에게 축복을…… 나는 언제나 여러분의 마음속에 있습니다.

12) 영혼·신과 명확하게 연결되는 에너지

여러분, 안녕하십니까! 우리는 지금 여러분의 창조주의 근원으로부터, 에너지를 끌어왔습니다. 여러분의 성장을 위해, 또다시 새로운 에너지를 드리고 싶습니다. 지금부터 주어지는 에너지는, 또한 매우 드문 에너지입니다. 여러분이 영혼과 명확하게 연결되고, 또 신과도 명확하게, 의식적으로 연결될 수 있는, 그런 흐름을 촉진시키기 위한 에너지라고 생각해 두세요. 여러분이 하루라도 빨리, 의식적으로, '나는 신이다(GOD I AM)'이라는 사실을 이해할 수 있도록, 에너지를 준비하고 있습니다.

우선 여러분의 양 손을 가슴 챠크라에 가지고 가서, 그곳에 의식을 유지해 주세요……. 우선 여러분의 영혼이 여러분에게 에너지를 보냅니다. 영혼을 실감해 주세요…….

영혼이 사랑과 기쁨을 여러분에게 흘려보내고 있는 것을 느껴봐 주세요.

각각의 영혼이 수많은 동료들을 여러분의 곁으로, 지금 불러 들이고 있습니다. 각자가 확실히 본래의 영혼의 근원과 연결될 수 있도록, 지금 다양한 시스템을 만들고 있습니다. 여러분 안의 영혼, 여러분이 지구에 왔을 때부터 쭉 함께 활동을 해 왔습니다. 이번 인생도 여러분은 영혼의 역할을 행하기 위해서, 지상에서 활동하고 있다는 것을 상기해 주세요…….

여러분 안에 있는 영혼이, 지금 필사적으로 '빨리 일체화하자, 빨리 하나가 되자'며 에너지를 보내고 있습니다. 자신이 느끼고 있는 에너지를 몸 전체로 흘려주세요……. 자신의 육체 전체가 영혼의 에너지로 충만해지는 것을 느껴 보세요……. 자신의 육체 자체가 영혼의 육체입니다. 자, 에너지를 좀 더 강하게, 육체 안으로 넣어 주세요……. 점점 영혼의 생각이 자신에게 전해져 올 것입니다. 영혼이 말하려고 하는 것들이 점점 자신에게 전달되어 옵니다. 느껴 보시기 바랍니다…….

여러분의 몸 전체가 영혼의 에너지로 충만하고 있습니다. 자, 다시 한 번, 가슴 챠크라에 의식을 가져가 주세요……. 이번에는 영혼의 심장에, 또 다른 위대한 에너지가 흘러듭니다. 그것은 여러분의 창조주의 에너지입니다. 그곳으로부터 위대한 에너지가 흘러나옵니다. 느껴 보세요…….

지금 여러분의 육체가 영혼으로 채워지고 있으며, 그 중심은 신의 에너지로 가득한 상태입니다. 그렇습니다. 자신의 중심은 신神인 것입니다. 자신은 신의 에너지를 느낄 수가 있습니다. 자, 느껴 보세요……. 느꼈다면, 그 에너지를 다시 육체 전체로 흘려보내 몸 전체가 신의 에너지로 충만해지는 것을 느껴 주세요…….

여러분은 영원히 존재합니다. 시간적 제한도 공간적 제한도 전혀 필요하지 않습니다. 자신은 다만 존재하고 있습니다. 무한의 공간에서, 영원한 생명을 지니고 있습니다. 남아 있는 것은 단지 행복, 기쁨, 만족 뿐, 그것만이 존재하고 있습니다. 여러분의 마음속에 있는 신의 본질을 잘 느껴 주시기 바랍니다. 신이 여러분에게 주고 있는 것은, 모두 기쁨뿐입니다. 고통 같은 것은 아무것도 주고 있지 않습니다. 아무런 제한도 주고 있지 않습니다.

　하지만. 성장하는 것을 바라고 있습니다. 여러분은 성장하기 위해서, 스스로 성장하기 위한 재료를 만들어, 그것을 자신에게 가져왔습니다. 사람에 따라서는 그것을 제한이라고 생각해, 고통스럽게 느끼고 있을 지도 모릅니다. 하지만, 그것은 완전한 착각입니다. 그러한 것들은 단지 여러분의 성장을 위한 재료에 지나지 않습니다. 고통을 주는 것은 아닙니다. 괴로움을 주고 있는 것은 아닙니다. 어디까지나 여러분의 성장을 위해서 만들어진 것입니다. 그 곳에서 많은 기쁨과 즐거움을 찾아내는 것, 그것을 신은 바라고 있습니다.

　여러분의 마음속에 고통이나 제한과 같은 것들이 있다면, 그것을 모두 빛으로 바꾸어, 살아가는 기쁨의 재료가 될 수 있도록 전환시켜 주세요……. '이것은 기쁨을 낳는 씨앗이다'라는 식으로 그것들을 빛으로 바꾸시기 바랍니다……. 여러분에게 필요한 것은 기쁨, 영원한 기쁨, 그리고 다른 많은 사람들과 교류함에 따라, 더욱 새로운 기쁨을 발견하여 서로 나누는 것입니다. 다른 생명들과 공존함에 따라, 자신이 알지 못했던 기쁨을 찾아낼 수가 있습니다. 자, 지금 여러분의 마음속으로부터 제한을 모두 빛으로 바꾸어, 성장의 씨앗으로 바꾸어 주십시오……

　그러면, 각자 손을 안정시키고, 편안한 자세를 취해 주세요……. 지금 여러분이 느낀 에너지, 이것을 항상 몸 안에 흘리면서, 느껴 주세요……. 항상 자신은 신과 연결되고 있다는 사실을 진정으로 실감해 주세요……. 여러분은 신이라는 사실을 정말로 이해할 수 있도록, 에너지를 계속해서 몸 안에 유지시켜 주시기 바랍니다…….

지금, 지구상의 인간들은 의식을 바꾸는 데 매우 힘들어 하고 있습니다. 지금까지의 가치관으로부터 새로운 가치관으로 변하기 위한 변혁이 그렇게 쉽게 이루어지지 않아 고생하고 있는 사람들이 많습니다. 하지만 주위의 환경은 점점 변해갑니다. 인간의 의식과는 전혀 상관없이, 사회와 세상 그리고 다른 나라들이 점점 변해갑니다. 여러분이 언제까지나 지금의 의식 상태로 머물러 있으면, 그 흐름에 맞출 수가 없게 되어 버립니다. 빨리 자신의 의식을 바꾸어, 새로운 시대에 걸 맞는 의식으로 변화시켜 가야 합니다. 이미 3차원적인 집착은 의미가 없다는 사실을 깊이 실감해 주세요…….

여러분이 사람들과 교류하는 가운데, 항상 일어나는 여러 감정의 움직임이나 갈등, 이러한 에너지가 짧은 시간 안에 완전히 사라지는 것은 어려울지 모릅니다. 그렇지만, 나름대로 조금씩 자신에게서 멀어져 가게 되고, 더 이상 걱정하지 않게 된다는 사실을 진심으로 믿어주세요. 여러분에게 지금부터 필요한 에너지는 정말로 다른 여러 사람들이나 생명체들과 깊이 교류하며, 기쁨에 넘치는 사회를 만들어 가는 마음입니다. 그것을 진심으로 믿고 행동으로 옮겨 주시기 바랍니다.

여러분의 영혼도 그것을 목표로 이 지구에 찾아와, 여러분을 지상에 내려 보낸 것입니다. 그 때를 기억해내 주세요. 이제 자신만이 옳다거나 자신이 남들 위에 서고 싶다는 생각, 다른 사람들로부터 인정받기를 원한다와 같은 가치 기준은 필요하지 않습니다. 마음을 태어났을 때의 순수한 상태로 되돌려, 모든 것을 놓아버리고, 자유로운 공간 속에서 마음껏 활동할 수 있다는 것을 믿어 주세요.

자, 이제 여러분에게 마지막 축복의 에너지가 주어집니다……. 여러분이 조금이라도 기쁨을 찾아낼 수 있도록, 수많은 천사와 요정들이 찾아와, 여러분 모두에게 여러 가지 선물과 에너지를 가득 놓고 갑니다……. 모두 기쁨과 행복으로 이어지는 것들뿐입니다. 가득 받아 주세요…….

여러 요정들이 여러분의 주위에서 날아 뛰놀고 있습니다……. 모두 기뻐하고 있습니다. 새로운 시대가 오면, 이런 느낌으로 인간과 요정 그리고 천사들이 아주 생기발랄하게 서로 교류하며 즐기게 됩니다. 모두 그것을 믿고 그것을 먼저 받아들여 주세요. 즐거운 시간을 보내 주세요……. 사람에 따라서는 우주선의 동료에게서도 에너지와 선물이 도착되고 있습니다……. 오늘 여러분에게는 전달될 수 있는 최대한의 에너지와 선물이 계속해서 전해지고 있습니다. 솔직하게 그것을 받아들여, 몸속에 간직하시기 바랍니다…….

오늘에 한하지 말고, 지속적으로 명상이 가능한 사람은 이 에너지에 대한 감각을 되살려, 요정이나 천사들과 자주 교류해 보시기 바랍니다. 감사합니다.

13) 네 종류의 에너지와 영혼의 활동, 커다란 신들의 파동

우리는 지금 여러분의 주위에서 여러 가지 준비를 진행하고 있습니다. 지금 여러분의 영혼의 동료들이 차례로 모여 오고 있습니다. 한 사람 한 사람이 확실히 성장할 수 있도록 원조해주고 계십니다. 각자 자신의 내밀한 곳에서 에너지적인 진동을 느껴주세요……. 그것은 여러분이 언제나 느끼고 있는 에너지일지도 모릅니다. 지금부터 그 확인을 해두시기 바랍니다…….

나는 미카엘입니다. 나는 여러분의 성장을 위해서 여러모로 협력하는 것을 바라고 있습니다. 우선 나에 대해서 조금 설명을 합시다.

미카엘이라는 이름 자체는 많은 사람들에게 알려져 있습니다. 그러나 나의 진정한 모습을 이해하고 있는 사람은 거의 없습니다. 왜냐하면 각자가 전혀 다른 개념을 만들어내고, 그것을 미카엘이라 생각하고 있기 때문입니다. 나는 지금 신의 파동으로 내려 오고 있습니다.

여러분의 민족에게 이른바 신이나 하늘ㅈ이라 불렸던 것은 나의 파동이었던 적이 많습니다. 나는 대천사 미카엘과는 다른 에너지입니다. 여러분 앞에 대천사 미카엘로서 내려올 때에는, 반드시 '대천사 미카엘'이라는 통칭으로 나타납니다. 내가 신의 파동으로 내려올 때에는, 단지 미카엘이라고 밖에 불리고 있지 않습니다. 에너지의 파동이 완전히 다르다는 것을 이해해 두시기 바랍니다.

다만 역할에 있어서는 닮은 부분도 있습니다. 왜냐하면, 여러분의 말로 말하는, 이른바 남성적인 에너지를 나도, 대천사 미카엘도 가지고 있기 때문입니다. 남성적인 에너지라는 것은 항상 앞으로 나아가면서, 빛을 발하고, 빛이 아닌 것을 엄격하게 응시하여 자신을 성장시키는 에너지를 말합니다. 여성적인 에너지라는 것은 이른바 사난다라 불리고 있는 에너지입니다. 이것은 조정이나 조화, 질서를 유지하는 에너지가 중심이 되고 있습니다. 그리고 이 여성적인 에너지는 여러분의 세계에서는 자애로운 여신으로서 존재하고 있는 경우가 많습니다.

따라서 일반적으로 남성적 신이 미카엘이고, 여성적 신이 사난다라고 이해해도 실수는 아닙니다. 다만, 완전히 같은 것은 아닙니다. 사난다의 경우에도, 여러분에게 자주 등장하는 사난다라는 존재는 반드시 여신과 같지는 않습니다. 이 부분은 인간적인 감각으로는 지극히 어렵기 때문에, 너무 자세하게 말하지는 않겠습니다. 하지만, 파동이 다르면, 에너지도 다르고, 부르는 법도 다르다고 하는 것을 이해해 두십시오.

나는 그러한 의미에서 지금 남신이라고 하는 파동으로 내려 오고 있습니다. 이 파동은 보통의 인간이 느끼기에는 좀처럼 어려운 파동입니다. 그러나 나는 여러분의 마음 속 영혼의 핵으로서 항상 존재하고 있습니다. 나는 이 우주 안의 모든 생명 속에 나타나고 있습니다.

그러므로 여러분이 만일 신으로서의 미카엘과 이야기를 하고자 하는 경우에는, 의식을 밖으로 향할 것이 아니라, 자신의 마음속으로 의식을 가져가 주십시오. 그러면 나는 언제라도 여러분의 질문에 대답할 수 있습니다.

지금부터 우선 그러한 에너지 연습을 해 보도록 합시다. 각자가 손을 가슴에 얹고 의식을 가슴 챠크라에 가져가 주시기 바랍니다. 우선 그 가슴 챠크라에 여러분 각자의 영혼의 에너지를 지금부터 강하게 흘리므로, 잘 느껴 보십시오……

이제 자신의 영혼의 에너지를 점차로 강하게 하여, 몸 전체에 가득 채워 주시기 바랍니다. 자신의 의식이 영혼의 의식에 조율되어, 높게 고양되어

가는 것을 느껴보십시오……

이제 자신이 시간이나 공간이 없는 우주 가운데에서 생명 활동을 영위하고 있다는 느낌을 가져 주시기 바랍니다.

지금 영혼은 자신에게 여러 가지 에너지를 흘리려 하고 있습니다. 그것은 어떤 사람에게는 새로운 에너지로 느껴지게 되고, 어떤 사람에게는 불필요한 에너지를 없애주는 것으로 느껴질 수도 있습니다.

지금 각자의 영혼으로부터 다양한 에너지 조정이 행해지는 것을 느껴봐주십시오……. 이제 각자의 영혼의 에너지의, 한층 더 중심의 부분에 의식을 가져가 주시기 바랍니다…….

그곳에는 영혼의 핵이 되는, 신의 에너지가 존재하고 있습니다. 지금 그 에너지를 강하게 흘리므로, 각자 느껴 주십시오…….

여러분이 자신은 신이라는 것에 눈을 뜨고, 그것을 활성화시키기 위해서라도 이 에너지를 잘 느껴주시기 바랍니다. 지금 여러분에게 흐르게 있는 신의 에너지는 미카엘의 에너지를 꽤 강하게 띠고 있습니다.

이제부터 이것을 다른 신의 에너지로 바꾸고자 하므로, 그 차이를 잘 느껴 주십시오.

나는 여신입니다. 여러분의 커다란 성장을 위해서, 이곳에 찾아왔습니다.

여러분들 중 많은 사람은 이 지구상에서 생활하면서, '나는 누구인가', '나는 무엇을 해야 하는가'에 항상 의문을 가지며, 언제나 그에 대해 묻고 있습니다. 그렇지만, 여러분의 영혼이나 빛의 동료들은 곧바로 "당신은……입니다"라고 대답하는 경우는 거의 없습니다. 말로서는 설명할 수 없습니다. 무리하게 말로 설명할 경우에는, 잘못 해석되는 경우가 많기 때문입니다. 경우에 따라서는 잘못된 해석을 지닌 채로, 몇 십 년 동안이나 믿고 있는 사람도 있습니다. 즉 그것은 반드시 성장을 촉진시키는 것으로 연결되지는 않습니다.

그 때문에, 우리는 언제나 가능한 한 말이 아니라, 필링(feeling)이나 에너지로서 느끼도록 이끌어 갑니다. 지금 여러분도 '나는 누구일까' 라는 그 질문을 자신에게 물어봐 주시기 바랍니다. 내가 그 회답을 에너지로서 여러분에게 돌려줍니다. 진지하게 나에게, 자신의 마음에, 질문을 해 보세요.

우리는 여러분이 조금이라도 자신의 진정한 모습을 눈치 챌 수 있도록, 매일같이 구조를 만들고 있습니다. '나는 무엇을 위해 이 지상에서 생활하고 있을까', 그것을 깨달을 수 있는 기회를 매 순간마다 만들고 있습니다. 여러분은 그러한 일상의 사건 하나하나로부터 자신의 정체를 발견해 주세요.

그것을 말로서 알려고 해서는 안 됩니다. 말로서 나타나는 것은, 결국 표면의 일부에 지나지 않고, 진실에 부합하고 있지는 않습니다. 말이 아니라, 에너지나 느낌(feeling)으로, 자신은 무엇을 해야 하는가를 느껴 주세요. 무리하게 말에 적용시키고자 하지는 말아 주시기 바랍니다. 나의 이 파동은 사람들에게 평온함을 가져다 주는 것을 목적으로 하고 있습니다. 여러분이 조금이라도 다른 사람에게 평온함을 주고 기쁨을 나눌 수 있도록, 이 에너지가 만들어지고 있습니다. 이 에너지를 여러분의 몸 안에 정말로 침투시켜, 항상 자신은 평온함의 한가운데에 있다는 느낌을 만들어 두시기 바랍니다.

나는 유리엘입니다. 나는 지금 대천사 유리엘로서 찾아오고 있습니다. 따라서 방금 전까지의 신의 파동과는 조금 다릅니다. 그러나 신은 영혼의 특질로서 나의 파동이 여러분에게 아무래도 필요하다고 생각해, 나를 이곳에 불러왔습니다.

이 유리엘의 파동이라는 것은, 방금 전의 남성이나 여성적인 에너지가 아닌, 완전히 별개의 에너지입니다. 여러분에게 그것을 느끼게 하기 위해서 나는 이곳에 찾아 왔습니다. 이 파동은 남성, 여성이라는 대립적인 에너지를 만드는 것이 아니라, 사람들이 좀 더 자신에게 눈을 뜨고, 우주에 눈을 뜨며, 신에 눈을 뜨게 하기 위해서, 근본적으로 필요한 에너지를 만들고 있습니다. 이 에너지에 의해, 여러분은 점점 자신을 깨닫게 되고, 활성화되어 근원에 가까워질 수가 있습니다.

이 에너지는 지금까지 동양에서는 유교적인 사상 안에 들어가 있었습니다. 따라서 이른바 여러 가지 신들로서 나타났던 적은 없었습니다. 나는 그러한 존재는 아니며, 어디까지나 가르침 안에 언제나 들어가 있습니다. 사람들을 깨닫게 하는 것, 그것이 나의 역할이니까요. 따라서 이 파동을 부를 때에는 반드시 형태가 있는 존재를 연상하는 것이 아니라, 영감이나 아이디어, 깨달음을 촉진하는 가르침이나 교훈, 이러한 것들을 떠올려 주시기 바랍니다. 나는 그러한 것들 안에 들어가 있으니까요.

나는 가브리엘입니다. 여러분의 말로 말하면, 사랑의 에너지로서 다가오고 있습니다. 여러분이 이 에너지의 차이를 느낄 수 있도록, 지금부터 한층 더 강하게 흘려 보겠습니다…….

우리는 이 사랑의 에너지를 모든 인간의 마음속에 정착시키려 하고 있습니다. 이 사랑의 에너지는, 아직 이 지구상에서는 완전하게 정착하지 않고 있습니다. 이것을 받아내는 인간이 아직 그만큼 많지 않기 때문입니다. 이 사랑의 에너지를 각자의 하트 안에 확실히 뿌리내리게 하여 정착시켜 주시기 바랍니다.

이 사랑의 에너지는 자신이 어떠한 상황에 놓인다 하더라도 절대로 굴하거나 낙심하지 않습니다. 항상 모든 것이 올바르다는 것을 이해하여, 자신을 인정하고 상대의 가치관도 존중하는 기능을 가지고 있습니다. 자신과 다른 것이 있어도, 아무것도 문제로서 생각하지 않습니다. 자신을 부정하는 사람이 있어도, 아무것도 불쾌하게 느끼지 않습니다. 자신과 다른 생각을 가진 사람이 있어도, 그것을 바꾸려 하거나, 변화 시키려 하는 것은 아무것도 생각하지 않습니다.

상대의 모든 것을 인정하며 자신도 사랑합니다. 이것이 바로 가브리엘의 에너지입니다. 이 가브리엘의 에너지를 여러분의 마음속에 확실히 정착시켜 주시기 바랍니다.

나는 여러분의 아버지이자 어머니입니다. 방금 전, 여러분에게 흘린 네 종류의 신의 에너지, 이것은 지구 인류에게 매우 중요한 에너지입니다. 전원의 영혼에 이 네 가지가 반드시 들어가 있습니다. 다만, 그 비율은 각자 차이가 납니다. 어떤 영혼의 경우에는 사랑의 에너지가 지극히 적습니다. 어떤 영혼의 경우에는 여성성이 지극히 적습니다. 다른 영혼은 남성성이 적습니다. 그러한 방식으로 만들어지고 있습니다. 그에 따라, 스스로 균형을 이루려는 방향으로 활동을 해 나갑니다. 불균형하게 만들어진 영혼의 에너지를 각자가 균형을 잡으려는 방향으로 움직여 갑니다. 이것이 영혼의 활동이며, 그 에너지를 터득하기 위해서 여러 가지 체험을 쌓게 됩니다. 혹성에 가서 전생을 거듭하는 것도, 이러한 에너지를 얻기 위해서 행해지고 있습니다. 그에 따라 영혼이 점차로 균형을 되찾고, 이른바 근원에 가까워집니다.

그러나 그 근본은 어디까지나 이 남성성의 에너지, 여성성의 에너지, 중성의 에너지, 사랑의 에너지, 이 네 종류의 에너지입니다. 그리고 각자마다 그 비율이 전혀 다릅니다. 저마다 가지각색으로 차이가 납니다. 한편 각각의 영혼은 자신의 선택에 의해, 이외의 특별한 에너지들을 수중에 넣거나 세공하며, 다양한 조화를 취하고 있습니다.

그것은 각각은 영혼의 가치관에 따라 다르므로, 여기서 하나하나 열거할 수는 없지만, 이른바 자기에너지나아쉬타 코만드의 에너지를 거두어들이고 있는 사람이나, 그렇지 않은 사람, 또 다른 에너지를 취하고 있는 사람, 이러한 변화가 얼마든지 존재합니다. 다만, 최종적인 모습은 이 우주에 존재하고 있는 모든 에너지를 균형 있게 취득한 사람, 이러한 존재가 진정한 신으로서 활동하게 됩니다. 이런 지점까지 성장해옴으로써 커다란 신으로 불리게 된 의식은, 이 우주에 열둘의 존재만이 있습니다. 각자가 역할을 가지고 활동하고 있습니다. 나는 이 커다란 열둘의 신의 동료들과 함께, 언제나 활동하고 있습니다.

여러분의 주위에도, 이러한 신들의 에너지를 가져와, 자신의 성장을 위해서 사용하고자 하는 사람이 많이 존재하고 있습니다. 이 커다란 신들이, 여러분 앞에는 이른바 신으로서 나타나거나 창조주로서 나타나고 있습니다. 각자가 개성을 가지면서, 또한 매우 훌륭한 활동을 행하고 있습니다.

14) 육체를 가져 모든 사람을 사랑하고 싶다

나는 여러분의 아버지이고, 여러분의 어머니입니다. 나는 여러분의 근본이기도 합니다. 여러분의 모두이기도 합니다. 여러분이 바라고 있는 것은 나의 소원이기도 합니다. 여러분이 하고자 하는 것은 내가 하고자 하는 것이기도 합니다. 나는 이 지구를 완전히 새로운 지구로 바꾸려 하고 있습니다. 여러분의 상상을 아득하게 뛰어넘은 계획을 세우고 있습니다.

그러나 나의 소원은 이 우주에서 영감이나 구상으로만 전해지기 때문에, 나의 소원의 모든 것을 그대로 명확하게 전할 수 없도록 되어 있습니다. 비록 마스터라 할지라도, 순간적인 영감으로 밖에 나의 소원을 받을 수 없습니다. 하나부터 열까지, 모든 정보를 그들이 알고 있는 것은 아닙니다. 따라서 그들이 여러분에게 아무리 설명을 한다 하더라도, 현상의 일부에 지나지 않습니다.

내가 지구를 근본으로부터 바꾸기 위해서는 아무래도 육체를 입을 필요가 있습니다. 나는 3차원 세계에서 직접 행동하도록 되어 있습니다. 그렇게 하지 않으면 이 3차원 세계를 바꿀 수 없습니다. 나는 육체를 가져, 직접 사람들을 사랑하고 싶습니다. 사람들을 사랑하고 싶습니다.

나는 에너지가 아니라, 직접, 육체인 채로 인간을 사랑해 보고 싶습니다.

나는 육체인 채로 인류의 모든 것을 사랑하고 싶습니다. 이것이 처음부터 나의 소원이었습니다. 신이 정말로 인간을 사랑하고 있음을, 나는 정말로 알려주고 싶었습니다. 지금까지의 몇 십억 년이라고 하는 지구상의 역사, 나는 언제나 생각하고 있었습니다. 나는 직접 인간을 사랑하고 싶습니다. 모든 인간을 사랑하고 싶습니다. 모든 인간을…….

　나는 직접 인간을 사랑하는 것이 가능한 육체를 가지고 싶었습니다. 직접 인간을 사랑하기 위한 육체를 가지고 싶었습니다. 그러나 신인 나는 그것이 허용되지 않았습니다. 그것을 하려고 생각해도, 할 수 없었습니다. 육체를 가짐과 동시에, 신은 아니게 되어 버렸습니다. 신의 일부를 나타내고는 있지만, 모든 것을 나타낼 수는 없었습니다. 그러나 나는 어떻게 해서든 육체를 가지고 싶었습니다.

　다양한 것을 지금까지 생각해 왔습니다. 여러 가지 유전자를 만들었습니다. 어떻게 하면 나의 모든 것을 인간 안에 가져올 수 있을까? 단지 훌륭한 인간을 만드는 것만은 아닙니다. 신 밖에 할 수 없는 능력을 모두 모아, 한 명의 인간에게 가져오는 것입니다. 그러나 불가능했습니다. 결국 신이 가지는 에너지를 육체 안에 묻는다는 것은 무모함에 가까웠습니다. 그렇지만, 나는 단념하지 않았습니다.

　나는 모든 것을 가지고 있습니다. 모든 것이라는 것은, 여러분의 수로 말하면, 그야말로 몇십 억의 몇 십억 배의 수에 필적합니다. 그러나 그 종류의 수가 다릅니다. 왜냐하면 에너지를 생산하는 근본의 근본의 근본으로서, 나는 가지고 있을 테니까요. 원래의 에너지를 만들어 낼 수가 있습니다. 그러나 너무 늦었습니다. 너무 너무 늦었습니다…….

그러나 단념할 수는 없습니다. 지구가 붕괴하면 우주가 붕괴해 버립니다. 모든 구조를 지구에 결부시켜 놓았습니다. 지구가 빛나면, 우주가 빛납니다. 지구가 붕괴하면, 우주가 붕괴합니다. 모든 것을 대응 지어 놓았습니다. 이것 밖에 우주를 존속 할 수 있는 길은 없었기 때문입니다. 이제 그것 밖에 남아 있지 않습니다.

그런 만큼, 이 우주는 지금 매우 어려운 상황에 놓여 있습니다. 그러므로 이 지구에 무수한 우주선이 다가오고 있습니다. 모두 진지하게 찾아오고 있습니다. 단순한 장난이나 호기심으로 지구에 오고 있는 것은 아닙니다. 우주의 존속을 위해, 전 우주로부터, 훌륭한 지도자들이 모두 모여오고 있습니다. 그러나 지구인이 그것을 거절하고 있습니다. 지구상에 내리는 것을 부정하고 있습니다. 그러므로 이만큼 무수한 지도자들이 와도, 지구에 내려설 수가 없습니다. 신조차도 내릴 수가 없습니다.

지금 우리는 진지하게 그 선택을 생각하고 있습니다. 이 지구는 머지않아 정말로 변해갑니다. 여러분이 바라온 훌륭한 지구가 완성되도록 계획되어 있습니다. 그러나 그곳에 지구 인류가 얼마나 남을까, 그것은 전혀 정해져 있지 않습니다. 이것은 전혀 정해져 있지 않습니다. 지구 인류가 남아 있지 않을 때에는 지구를 만든 의미가 없어져 버립니다. 지구 인류가 남을 때, 처음으로 지구로서의 역할을 행할 수 있습니다. 지구 인류가 거의 없는 지구, 그곳에 무슨 기쁨이 있을까요…….

그곳에 있는 것이 허무하게 되어 버립니다. 자신들의 힘이 부족했던 것을 유감으로 생각할 것입니다. 그러나 나는 끝까지 단념하지 않습니다. 나는 끝까지 단념하지 않을 것입니다. 나는 아직도 다른 누구에게도 이야기하지 않은 계획을 많이 가지고 있습니다. 여러분이 어떠한 선택을 잡는다 하더라도 지구는 확실히 존속합니다. 그러나 지구 인류가 존속할지 어떨지는 나도 모릅니다. 여러분의 선택입니다. 여러분이 도중에서 내던져질지 남을지, 그것은 여러분의 선택입니다. 내가 결정하는 것은 아닙니다.

내가 만든 것은, 여러분이 어떤 것을 선택해도 좋다고 하는 것이었습니다. 빛을 바랄까, 빛이 아닌 것을 바랄까, 그 자유를 나는 주었습니다. 그러나 어느 쪽을 선택할지는 여러분의 책임이 되고 있습니다. 빛을 좋아하는 사람, 나의 곳에 확실히 올 것입니다. 빛이 아닌 것을 좋아하는 사람, 이제 지구에는 남을 수 없습니다. 그리고 우주에도 남을 수 없습니다.

여러분은 지금 매우 괴롭고, 불안해할지도 모릅니다. 그렇지만 머지않아 모든 지구 인류가 이것을 경험하게 됩니다. 나는 모든 인간에게 이것을 행하려 하고 있습니다. 그렇게 하지 않으면 나는 모든 인간에게 흘러갈 수 없기 때문입니다. 나는 모든 인간에게 뿌리내려, 인간끼리 직접 사랑하는 것을 가르치고 싶습니다. 왜 인간은 지금도 서로 비난하는 것입니까? 이 훌륭한 인간을 왜 여러분은 부정하는 것입니까? 모두 훌륭한 에너지를 지니고 있습니다.

나는 항상 진심으로 이야기하고 있습니다. 여러분은 자주 내가 엄격하다고 합니다. 확실히 나는 함부로 사람에게 상냥하게 포용하지는 않을 지도 모릅니다. 그것은 내가 살기 위해서, 내가 필사적으로 존재하는 증거이기도 합니다. 내가 살기 위해서는 자신을 응석부리게 하는 것은 허용되지 않습니다. 이제 더 이상, 빛이 없는 것을 좋아하는 것은 허락되지 않습니다. 나는 자신이 존속하기 위해서, 빛만을 추구해 갑니다. 그것은 내가 살기 위해서, 필요하기 때문입니다. 여러분은 무엇을 요구하며, 그렇게 불안으로 가득 차 있는 것입니까?

여러분이 바로 나입니다.

앞으로의 경험은 모두 필요한 것입니다. 그것을 믿어도 좋습니다. 나는 함부로 괴로움을 주려고 생각하지는 않습니다. 함부로 슬픔을 주려고는 생각하지 않습니다. 다만, 경험으로서 필요한 것을 체험해 주기를 바라고 있습니다. 한명이라도 많은 인간을 사랑하기 위해서, 필요하다고 느껴지는 것을 경험해 주기를 바라고 있습니다. 따라서 힘들다거나 괴로움을 느끼고 있더라도, 그것을 받아 주었으면 합니다.

확실히 지금부터는 다른 사람들이 여러분에게 여러 가지 언동을 취할지도 모릅니다. 그렇지만 걱정하지 않아도 좋습니다. 그러한 것을 상대할 필요는 없습니다. 여러분이 해야 할 것은, 사람을 사랑하는 것을 방해하고 있는 자신의 마음을 좀 더 눈치 채, 그것을 마음속으로부터 내쫓아 가는 것입니다. 자신이 다른 사람을 사랑하고자 할 때, 방해가 되고 있는 것, 그것을 자세히 바라보는 것입니다. 다른 사람을 배려할 필요는 없습니다. 다른 사람에게는 사랑만을 주는 것입니다.

나는 지금부터 좀 더 많은 사람 속에 들어가고 싶습니다. 그리고 직접 인간을 포옹하고 싶습니다. 그리고 진리와 기쁨을 나누는 사회를 만들고 싶습니다. 지금부터 여러분의 가족이나 친척과의 사이에 트러블이 있을지도 모릅니다. 그렇지만 본질을 믿는 한, 일체 걱정할 필요는 없습니다. 항상 자신을 잃는 일 없이, 자신의 본질을 잊는 일 없이, 올바른 마음만을 발해 주기 바랍니다.

상대를 설득하려 하거나, 믿게 하려 하거나, 구슬리는 것을 생각해서는 안 됩니다. 항상 자신은 지금 행복하다, 살아 있는 것이 좋았다고 하는, 그 느낌을 나누고, 그 만큼을 전해 가면 충분합니다. '나는 어쨌든 지금 행복하다. 지금 충분히 만족하고 있다. 그러므로 자신의 삶의 방법을 나는 후회하고 있지 않다. 나는 나 자신이 생각했던 대로 살아가고 싶다.' 그만큼을 전하면 되는 것입니다. 그 이상을 말할 필요는 없습니다.

상대가 물으면, '나는 모든 것을 알았다. 나 자신의 모두를 알았다.' 그 만큼을 전하면 좋습니다. 그리고 무엇을 알았는가라고 묻는다면, 하나하나 대답할 필요는 없습니다. 단지, '나를 알았다. 당신도 당신 자신의 것을 알기를 원한다.'고 말하는, 그 만큼으로 충분합니다.

여러분에게 축복을…… 나는 언제나 여러분의 마음속에 있습니다.

15) 빛이 없는 것을 무서워하는 것은 무의미하다

나는 여러분의 아버지이고, 여러분의 어머니이고, 이 우주를 가장 처음에 창조한 대원大源입니다. 이 우주가 제일 처음 나에 의해 계획되었을 때, 몇 가지의 큰 과제도 동시에 나타나게 되었습니다. 이 우주가 항상 빛으로 가득 차, 각자가 마음속에 있는 빛을 추구해 나간다고 하는 구조를 만들었을 때, 대부분의 사람이 빛 이외의 흐름을 선택해 버릴 가능성이 높아져 버렸습니다. 그 때문에 우리는 어떻게 하면 항상 빛을 추구해 나갈 수 있는 구조를 만들 수 있을까를 생각하게 되었습니다.

나에 의해 만들어진 의식은 그 근본에 반드시 빛이 들어가 있습니다. 그것은 각각의 의식이 목표로 하는 방향이고, 자신이 빛이라고 하는 증거이기도 합니다. 그리고 스스로 그 빛을 항상 추구해 나가는 목적을 설정해 두었습니다. 그런데 아직 그 빛에 대한 인식이 충분하지 않을 때에는, 빛을 추구하는 원래의 목표가 이해되지 않고, 다른 존재의 간섭을 받아, 빛이 아닌 곳으로 진행되어 버리는 경향이 매우 강해져 버렸습니다.

빛 이외의 흐름을 선택해 버린, 그 미숙한 의식들은 거의 무한과도 같은 영원한 시간 동안, 빛이 없는 곳에서 살아가게 되었습니다. 그리고 이 빛이 아닌 세계에서 자란 의식들은, 그것을 당연하게 생각하여 빛을 추구하는 의식으로는 좀처럼 전환할 수가 없게 되어 버렸습니다. 이렇게 자신 안에 있는 빛을 인정하려고 하지 않는 미숙한 의식의 수가, 이 우주에는 압도적으로 많이 존재하고 있습니다.

여러분은 통상의 진화 과정을 거쳐, 진화를 거듭하고 빛을 추구하여 이 지구에 왔습니다. 그 중 일부는 초기 단계에서 빛과는 다른 방향으로 진행되어 괴로워하고 있었던 사람도 있습니다. 그러나 도중에 눈을 떠, 어떻게 해서든 보통의 진화 과정으로 돌아올 수가 있었습니다. 이런 의식들은 여러 경험을 거듭하면서도, 항상 자신 안에서 빛을 찾아낼 수가 있습니다. 어떠한 선택을 취하더라도, 항상 빛의 선택, 그것을 바라볼 수가 있습니다.

여러분들 중 상당수는 빛이 없는 것을 무서워하고, 항상 불안에 사로잡혀, 필사적으로 빛의 길을 선택하고 있습니다. 이 우주는 스스로가 빛임을 깨닫고, 자신이 성장하기 위한 경험을 거듭 쌓아갈 수 있도록 만들어지고 있습니다. 그러나 오늘은 자신이 빛임을 전혀 깨닫지 못하고 있는 의식들, 이 빛을 눈치 채고 있지 않은 의식들에 대해서, 조금 이야기를 하도록 합시다.

여러분은 지금까지, 어둠이라든가 악마라고 말하며, 이런 존재들을 부정해 왔습니다. 두려움의 에너지를 내며, 항상 불안과 걱정 가운데에서 이런 워크를 계속하고 있습니다. 왜 빛이 없는 존재들을 그렇게 무서워하는 것입니까? 빛이 없으면, 여러분이 빛을 주면 좋은 것입니다. 여러분은 방향성을 나타내어 주는 역할을 가지고 있습니다. 그런데, 여러분은 그들로부터 도망치고 있습니다. 이런 상황에서, 우주가 정상적으로 진화할 수 있는 것일까요? 빛을 잃은 존재는 누가 구해야 하는 것일까요?

여러분은 곧 천사나 마스터와 같은 존재들이 그러한 역할을 할 것이라 착각하고 있습니다. 그들도 자신의 성장을 위해서 경험을 거듭하고 있습니다. 여러분이 하고 싶지 않은 일을 하기 위해서 만들어진 존재는 아닙니다. 천사는 어떤 시기에 항상 빛만을 추구하도록 만들어진 의식으로부터 진화해 왔습니다. 확실히 천사는 항상 빛을 볼 수가 있습니다. 그러나 그 때문에 빛 이외의 흐름을 선택했던 경험을 가지고 있지 않습니다. 여러분은 빛 이외의 흐름을 몇 번이나 선택하여, 헤매는 가운데 빛의 길로 나아가고 있습니다. 경험의 에너지가 천사와는 완전히 차이가 납니다.

어느 쪽이 낫다든가, 어느 쪽이 뒤떨어진다는 문제는 전혀 아닙니다. 모두 나의 경험을 위해서, 나 자신이 만들어낸 진화의 방식에 지나지 않습니다. 나로서는 천사의 진화에도 꽤 흥미가 있지만, 역시 여러분과 같이, 빛

이외의 흐름을 선택하고서도 확실히 빛의 길로 진행하는 의식들이, 에너지로서는 가장 씩씩하게 느껴져 나에게 기쁨을 줍니다. 그러나 그런 여러분이 빛이 없는 존재들을 무서워하고 있습니다. 빛이 아닌 것들을 무서워하고 있습니다.

확실히 빛이 없는 존재들이 여러분 주위에서 여러분에게 불쾌한 언동을 취할지도 모릅니다. 여러분을 일부러 함정에 빠트릴지도 모릅니다. 그렇지만, 우선은 근본을 이해해 주었으면 합니다. 만일 함정에 빠졌을 경우, 그 함정 자체는 자신이 만든 것임을 우선 이해할 필요가 있습니다. 벽에 부딪혔을 경우, 벽 자체는 자신이 만든 것임을 이해할 필요가 있습니다.

빛이 없는 존재라 하더라도, 거기까지는 개인에게 개입할 수 없습니다. 여러분의 현실은 여러분 밖에 만들 수가 없기 때문입니다. 다만, 빛이 없는 존재의 유혹에 의해 함정에 빠져 버리거나, 잘 생각하지 않아 빠져 버리는 경우가 있습니다. 거기서 여러분은 무엇을 배우는 것일까요?

자신의 마음속에 빛이 아닌 것을 받아들이는 달콤함이 있었다는 것을 우선 눈치 채기 바랍니다. 빛이 없는 존재라 하더라도 같은 파장의 존재에게 밖에는 나타날 수가 없습니다. 어떤 인간에게라도 나타날 수 있다고는 할 수 없습니다. 파동이 맞지 않을 경우에는, 그 인간에게 관여하려고 해도, 관여할 수 없습니다. 그러므로 자신이 빛이 없는 존재들에게 유혹될 경우, 그 파동과 같은 것이 자신의 마음속에 있다고 하는 것을 우선 눈치 챌 필요가 있습니다.

그들은 여러분이 그것을 눈치 채게 하기 위해서, 여러분에게 역할을 행하고 있습니다. 여러분의 성장을 위해서, 여러분을 깨닫게 하기 위해서, 여러분을 위해서 역할을 행하고 있습니다. 그들은 여러분의 성장을 위해서, 역할을 행하고 있는 것입니다. 그렇지만, 여러분은 그런 그들을 부정하고 있습니다. 왜 빛을 주지 않는 것입니까? 왜 감사를 느끼고 빛을 돌려주지 않는 것입니까?

만약 자신의 마음의 달콤함을 눈치 챘다면, 그것을 눈치 채게 해준 것에 대한 답례로서, 감사를 가지고 그들에게 빛을 주기 바랍니다. '나에게 이런 달콤함이 있었네요, 가르쳐 주어 고맙습니다.' 그렇게 해서 사랑을 보내주기 바랍니다. 빛이 없는 존재들도, 그들 나름대로 필사적으로 진화하려고 애쓰고 있습니다. 다만 아무도 사랑을 주고 있지 않습니다. 사랑을 받지 못할 때의 괴로움은, 여러분도 벌서 충분히 경험하고 있을 것입니다. 그런데도, 아직 사랑을 주려고 하지 않습니다.

빛이 없는 존재들은 정말로 무한이라 생각될 정도의 영원한 시간동안, 빛이 없는 채로 헤매고 있습니다. 아무도 사랑을 흘려 주지 않기 때문입니다. 그러나 그들은 여러분을 눈치 채게 하기 위한 역할을 몇 번이나 행하고 있습니다. 일부러 행하고 있습니다. 빛이 없는 존재들을 미워해서는 안 됩니다. 그러한 존재들과 공명하는 자신의 마음을 우선 응시하는 것입니다.

지금, 이 우주에서 빛이 없는 존재들과 여러분의 마음속에 있는 빛, 이것의 조화가 매우 중요한 의미를 가지고 있습니다. 여러분은 자신의 마음속에 있는 빛을 스스로 빛내려 하지 않습니다. 이곳에서 아무리 에너지를 주고 신이나 천사가 직접 나타나도, 여러분은 좀처럼 자신의 마음을 빛내고자 하지 않았습니다. 반면에, 빛이 없는 존재들을 미워하고 있습니다. 이 상태에서, 어떻게 우주가 빛으로 채워지는 것일까요? 여러분의 마음을 평화에 가져가고 싶다면, 자기 자신의 빛을 확실히 인정하고, 빛이 없는 존재들에게 빛을 주는 것을 항상 의식해 두기 바랍니다.

지금 여러분은 여러 가지 책을 읽으며 공부하고 있습니다. 그러한 책에서는 이른바 어둠이라 일컬어지는, 그러한 것들을 부정적으로 파악하며, 그들에 대한 생각을 가지는 것조차도 부정적으로 쓰고 있습니다. 빛이 없는 것 자체는 내가 만든 현상의 하나입니다. 그러나 여러분의 성장을 위해서 필요한 것이기도 합니다. 만약, 빛이 없는 것이 일체 없었을 경우, 확실히 모든 의식이 천사와 같은 존재가 되었을 것입니다. 그렇지만, 나는 그러한 우주를 만들기 위해서, 이 구조를 만든 것은 아닙니다. 천사와 같은 존재만의 우주는 이미 많이 존재하고 있습니다.

그러한 존재들은 그 나름대로 빛나고 있지만, 미카엘과 같은 날카로운 빛남이나, 사난다와 같은 씩씩한 빛남을 겸비하고 있지는 않습니다. 역시 빛 이외의 것을 선택해 봄으로로써, 정말로 빛이라는 것이 무엇인가를 이해한 다음, 진화해 온 의식들은 훌륭한 광채를 발하고 있습니다. 나는 그러한 에너지를 이 우주에 만들어 내려 하고 있습니다. 그러므로 빛이 없는 것은 그 나름대로 중요한 의미를 가지고 있습니다. 그리고 여러분이 빛 이외의 흐름을 선택하여, 헤매는 것도 그 자체로는 아무런 문제가 아닙니다. 당연한 것으로 받아들여도 상관없습니다. 문제는 거기에서 무엇을 배우며, 그리고 어떻게 하여 그곳으로부터 빠져 나와, 다시 빛의 흐름을 선택할까 입니다. 얼마나 빛이 아닌 것의 불쌍함을 스스로 몸소 느껴 사랑을 흘릴 수 있을까 입니다. 그러한 것을 몸에 익혀 주길 바라고 있습니다.

지구 인류는 여러 이유로, 공포와 불안의 에너지를 꽤 강하게 몸에 익히고 있습니다. 무슨 일에 처해도 불안을 느끼고, 어떠한 것을 만나도 공포를 느낍니다. 이 에너지는 어떤 의미로는 인류가 계획된 시점에 벌써 만들어져 버린 것이었습니다. 매우 슬픈 역사이기도 합니다. 새로운 시대에서는 이러한 것들을 근본적으로 떼어내기를 바라고 있습니다. 지금의 여러분의 유전자를 새로운 시대에 그대로 가지고 가면, 불안과 공포가 그대로 넘어가게 됩니다. 그러므로 어떻게 해서든 그 에너지만은 끊고 싶다고 생각하고 있습니다.

사람을 보면 기쁘게 생각하고, 살아 있는 것들을 보면 즐거움을 느끼는, 그러한 에너지로 바꾸고 싶습니다. 지금 한 사람 한 사람의 세포의 하나하나로부터 불안과 공포의 에너지를 모두 놓아 버리도록 하십시오……. 여러분은 이미 무서워할 필요가 없습니다. 만남을 기뻐하고, 서로 교류하는 것의 즐거움을 항상 생각해 두기 바랍니다. 이제 불안이나 걱정은 필요하지 않습니다. 모든 것을 놓아 가도록 하십시오. 이 지구는 이제 기쁨으로 채워지게 됩니다. 지구 자신으로부터 불안이나 걱정을 모두 꺼내어, 우주로 돌려 보내기 바랍니다.

여러분의 육체적인 반응 중에서, 언제나 불안이나 걱정을 수반한 행동이 너무 많았습니다. 이것은 정말로 유전자 레벨로까지 깊이 파고들어 있는 에너지로부터 생기고 있습니다. 이 유전자 중에서도, 이제 필요하지 않은 것은 더 이상 기능하지 않도록 조치해 두었습니다. 새로운 인류는 이 유전자가 처음부터 기능하지 않도록 만들어지고 있습니다. 여러분이 새로운 시대에서 생활하려고 한다면, 이 유전자를 잠재워 버리도록 하십시오. 사람을 보면, 일체감이 느껴지고, 기쁨에 넘쳐 항상 포근하게 접해 가도록 하십시오. 불안이나 공포는 이제 놓아버리고, 잠재워 버리기 바랍니다.

여러분에게 축복을…… 나는 언제나 여러분의 마음속에 있습니다.

이상, 창조주의 에너지와의 연결이라는 제하의 창조주로부터의 메시지를 보았다.

이 메시지의 출처는 이희석 님이 운영하는 다음의 '아침의 태양'이라는 카페다. 창조주로부터 직접 힘을 받는 자세를 보여줄 것을 바라는 의미의 소개였다.

그런데 위와 같은 창조주의 노력의 존재 이유, 그리고 존재 이유를 체감적으로 느낄 수 있는 방법은 근본의식과의 교류라는 점을 말할 수 있다.

근본의식이 전하는 메시지에 여러분의 우주는 어둠 가운데에서 난 우주이기 때문에 빛과 어둠이 공존한다고 한 바와 같이 우리의 창조주는 어둠 속에서 난 빛 의식인데 그 의식은 근본의식의 하강 의식이고, 그 의식은 언젠가는 근본의식 수준으로 발전한다고 하는 메시지를 쉽게 이해할 방법은 근본의식과의 교류라고 할 수 있다는 것이다.

여러분의 우주는 어둠 가운데에서 난 우주라고 하는 데에서 어둠이 무엇인가의 문제를 근본의식과의 교류에서 체감적으로 느껴볼 수 있다는 얘기이고, 그 의식은 언젠가는 근본의식 수준으로 발전한다는 대목의 이해 문제 역시 근본의식과의 교류에서 쉽게 이해될 문제라는 것이다.

근본의식이 말하는 어둠이란 과연 무엇일까?

어둠이란 근본의식이 만들어 낸 빛이 아닌 것이다.

근본의식은 의식이란 무엇이든 만들 수 있는 이상한 것이었다고 말하고,

또한 이상하게도 같은 의식이란 없었고, 의식이 커 갈수록 다른 의식의 존재를 더 많이 알 수 있었고, 따라서 최초 의식을 찾아 아무리 나아가도 최초 의식은 만날 수 없었다고 말하는 바와 같이 우주의 모든 의식은 만날 수 없는 최초 의식에 의해 창조능력을 부여받고 창조를 해나가는 의식들인데 그 중에 한 의식이 우리 우주의 근본의식이라는 것이고, 근본의식은 자기를 소개하는 데에서 나는 나와 다른 것을 만들 수 있는 능력이 있었고 자신을 성장시킬 수 있는 능력이 있었는데 이 능력은 아직 나만의 능력으로 알고 있다고 말씀하시는 데에서 나와 다른 것이란 바로 어둠이었고, 자신을 성장 시키는 능력이란 곧 진화였던 것이다.

근본의식은 빛인데, 빛인 나와 다른 것이란 곧 어둠이다.

그리고 자신을 성장시키는 체제란 곧 진화다.

자신은 이러한 능력을 가진 존재라고 소개하면서 자신의 체제를 도입하면 성장할 수 있다고 자신의 체제를 도입해 볼 것을 다른 의식에게도 권장하는 모습을 근본의식이 전하는 메시지에서 볼 수 있었다.

이렇게 우리 우주의 근본의식의 능력은 빛이 아닌 것을 만들 수 있는 능력과, 자신을 성장시킬 수 있는 능력이었던 까닭에 자신의 성장을 목적으로 어둠이라는 자신이 만들어 놓은 성장 체제 속에 자신의 의식을 하강시킨 의식을 투입시켜 놓고 그 의식으로 하여금 성장해 나갈 것을 강요(?)하는 체제의 우주가 어둠이 존재하는 우리의 우주이기 때문에 어둠이 존재하는 범위 내의 모든 의식은 근본의식이라는 왕초가 시키는 대로 진화를 목적으로 해야 하는 의식이어야 할 수밖에 없다는 점을 인식하는 데에서 우리 창조주의 노력과 같은 노력의 존재 이유를 말할 수 있고 의식할 수 있는 것인데, 이 같은 의식 형성은 근본의식이 만들어 놓은 어둠이라는 성장체제를 경험하는 데에서 더욱 쉬운 문제가 된다는 점을 말할 수 있다는 것이다.

필자는 빛 에너지, 어둠 에너지를 경험한 사람인 관계로 빛 에너지 어둠 에너지에 대해 잠깐 말해 보도록 하자.

성장을 위한 시스템이 어둠이라는 것을 알 수 있는 방법이 어둠 에너지를 경험하는 방법일수 있기 때문에 원하는 사람은 근본의식님께 성장 체제인 어둠 에너지를 느껴 보도록 요구해도 괜찮은 것으로 말할 수 있다.

밝은 에너지와 어두운 에너지가 어떠한 상태인가가 비교되는 경험을 함으로써 밝은 에너지를 선택하는 쪽이 보다 나은 선택이라는 점을 말하기 위해 필자가 경험한 빛 에너지와 어둠에너지의 상태를 말하는 것이다.

에너지 상태의 형이하학적 어둠을 간략히 말하면 다음과 같다.

지구가 낮에는 밝지만 밤에는 어둡다. 그런데, 빛을 내는 별은 태양만 있는 것이 아니라 태양보다도 더 밝은 빛을 내는 별은 얼마든지 있다는 것은 천문학상의 상식이다

따라서 그 많은 별들이 빛을 낸다면 지구에는 밤이란 없어야 한다. 그런데 실제로는 태양만 지면 바로 밤이 되는데, 밤이 되는 이유는 태양계 밖에서 오는 빛의 대부분을 잡아먹는 어둠 에너지의 존재 때문이다.

어둠 에너지는 우리의 우주를 구성하는 재료이고 공간에 존재하는 실체이기 때문에 태양계 외부 세계의 밝음이 지구에까지 도달하지 못하는 것이다.

여기서 말하는 어둠이란 가시광선이 없어서 안 보인다는 어둠이 아니라

빛에 상대적인 기운으로서 실질적인 에너지체로서의 어둠을 말한다. 빛은 정리된 상태의 밝은 에너지를 말하고 어둠은 정리되지 않은 어두운 상태의 에너지를 말한다.

빛 에너지를 경험하고 어둠 에너지를 경험 했을 때 나타날 수 있는 의식 변화 문제를 말해 보도록 하자.

빛 에너지에 접하면 가슴에 뜨거움을 느끼면서 온 우주가 가슴속에 다 들어오는 무한대를 느끼고, 깨끗함의 극치를 느끼고, 존재한다는 자체가 기쁨이라는 존재상의 기쁨을 느끼고, 뜨거움이 머리로 올라오면서 어디 갔다가 이제서 오느냐와 같은 기쁨에 가득 찬 해후의 눈물을 흘리는 경험을 한다.

깨끗함의 극치와 존재한다는 자체가 기쁨인 존재상의 기쁨과 무한대의 우주를 경험한 존재는 그때부터 의식 수준이 우주의 무한대를 의식하는 수준이 되는 것이다.

두 눈 뜬 상태에서 세상에 이런 일이를 경험하면 의식이 무한대의 영역까지 확장된다는 것은 경험한 필자가 보장한다. 이러한 경험을 자랑하려는 게 아니라 진심을 갖춤으로써 하나님과 교감을 나눔으로써 우주를 의식하는 수준에 이르라는 얘기인 것이다.

어둠 에너지에 접하면 어둠 에너지의 상태를 느끼게 되는데, 어둠의 색깔은 짙은 흑청색(밤하늘의 색깔로서 뻥 뚫림을 느끼는 색이다) 이고, 느낌상으로는 답답함, 탁함, 무질서, 무거움, 꽉 막힘 같은 것을 느끼고 그러한 기운이 많은 상태를 느끼게 되면 뻥 뚫림을 느낀다. 빛은 빛대로 깨끗한 상태의 무한을 느끼고 어둠은 어둠대로 많다는 의미의 뻥 뚫림을 느낀다. 무한까지는 안 가는 뻥 뚫림을 느끼는 것이다.

그런데 어둠이라는 기운에는 묘한 점이 있다. 어둠을 들이마시면 몸에는 순간적으로 전기의 방전 같은 전기적인 번쩍임이 있은 다음에 정신이 맑아지면서 몸에는 알 수 없는이상한 기운이 막강한 상태가 된다는 점이다.

어둠은 접하면 느낌상으로는 좋지 않지만 막상 들이마시면 접할 때의 느낌과는 달리 정신이 맑아지고 알 수 없는 기운이 몸에 충만한 상태가 되는 이상한 경험을 하게 된다.

어둠 에너지를 수용하면 이상한 기운이 충만한 상태가 되는 경험을 통해 알게 되는 것은 어둠이 무엇인가를 창조할 수 있는 창조의 재료가 된다는 점이다.

따라서 어둠에너지를 경험한 존재는 우리의 우주는 어둠에너지를 재료로 창조된 우주라는 것을 인식하게 되는데, 어둠에너지를 재료로 창조된 우리의 우주임을 의식하는 존재는 의식 상태가 우리의 창조주가 왜 이런 개고생(?)을 하는 불쌍한(?) 의식의 존재인가를 의식하는 수준이 되는 것이다.

빛 에너지는 빛 에너지대로 창조의 재료이고, 어둠에너지는 어둠에너지대로 창조의 재료라는 사실을 의식하는 존재는 그 청흑색의 시커멓고(그나마 보이니까 다행) 답답하고 탁한 감을 주는 에너지를 밝은 상태로 바꿀 수는 없을까를 일차적으로 의식하는 의식 상태가 되는 것이다.

창조된 재료의 변모까지 의식하는 수준이 된다면 그러한 상태는 창조주의 변모 시도에 적극 협조하려는 의식 상태가 되고, 그러한 의식 상태가 된다는 것은 창조주와 공동 창조주라는 의식 체제를 갖추게 되는 것을 의미하는데 이렇게 우리가 당면하는 모든 문제는 성장체제라는 시스템하의 발생 현상이라는 점을 의식하면 의식을 바꾸는 것으로 창조의 결과를 좋게 하는 지름길을 택할 수 있음을 생각할 수 있는 것이고 의식을 바꾸는 것으로 빠른 시간 내에 좋은 세상이라는 매트릭스 창조가 가능함을 생각할 수 있는 것이다.

피조물이 창조주와 함께 공동 창조주 역할을 하는 자가 많을수록 어둠을 빛으로 바꾸는 것이 한결 쉬워진다는 점에서 에너지적 빛과 어둠을 경험하는 것에 의하는 의식 변화를 이루어 볼 것을 권고하는 바인 것이다.

어둠 상태의 기운에는 형이하학적인 어둠 즉 물질적인 어둠도 있지만, 비 물질 상태의 형이상학적인 어둠도 있다. 의식이란 무엇이든 만들 수 있는 이상한 것이었다고 말하는 것의 의미는 형이상학적 에너지 창조도 가능하다는 의미다.

우리 세계에 존재하는 어둠은 형이상학적인 어둠이든, 형이하학적인 어둠이든 밝음으로 가기 위한 창조의 재료라는 점을 인식할 때, 어둠의 늪에 빠져 헤매는 매트릭스를 빠른 시간 내에 종료할 수 있다는 얘기다.

형이하학 형태의 물질적인 어둠은 암흑 물질로 나타나고 있고, 비 물질 상태의 형이상학적인 어둠은 생명체가 나타내는 각가지 형태의 바람직하지 못한 사고방식과 심리상태를 말한다.

비 물질적인 어둠은『신과 나눈 교감』에서는 10가지 환상으로 말한다. 『신과 나눈 교감』은 사람들이 가지는 어둠으로 10가지 환상이 존재한다고 말한다.

1. 필요의 환상 2. 실패의 환상 3. 분리의 환상 4. 부족의 환상 5. 요구의 환상 6. 심판의 환상 7. 처벌의 환상 8. 조건의 환상 9. 우월의 환상 10. 무지의 환상

이런 어둠 상태의 형이상학적인 기운들은 깨우침이라는 방법을 통하면 밝음 상태로 변모시켜 나갈 수 있는 기운이다.

의식은 무엇이든 창조해낼 수 있는 이상한 것이라는 점에 의한다면 소위 좋음이라는 말로 표현되는 의식이 창조해 낸 가상 세계와 소위 나쁨이라는 말로 표현되는 의식이 창조해 내는 가상 세계의 모양은 다를 것임을 말할 수 있다.

창조주의 에너지와의 연결이라는 위에 보인 창조주의 메시지를 통해서 밝힌 우리 우주의 모습은 다음과 같다.

우리의 창조주는 근본의식이 원천인 각 하강 의식이 창조해 낸 에너지 중에서 좋은 에너지만을 모아 우주 창조에 들어갔던 것이고, 그에 협력한 의식이 아슈타코멘드, 사난다. 미카엘, 아다미스, 시모리스 로라리스 외 이름이 알려지지 않은 다수의 의식이었다는 얘기다.

이러한 우주 모형은 『유란시아서』가 제시하는 모형이나 『밀레니엄 바이블』이 제시하는 모형과는 다른 모형이다. 따라서 어떤 모형이 옳은 모형인가는 정보 수용자의 판단을 필요로 하는 문제라 할 수 있겠는데, 하늘로부터 주어지는 메시지나 가르침은 우주의 진면목 제시와 함께 피조물의 동참 요구에 있었다는 점을 인식한다면 피조물이 공동 창조주라는 점이 제대로 적용될 수 있는 우주 모형이 어떠한 모형이어야 하는 것인가의 판단

에서 『유란시아서』가 제시하는 모형이나 『밀레니엄 바이블』이 제시하는 우주 모형은 혼란 조장용이라는 판단이 가능한 것이다.

이들 의식은 피조물들이 스스로 성장할 수 있는 체제를 구성하는 데에서 충격요법의 일환으로 부정적인 에너지를 허용 했는데, 피조물들이 부정적인 에너지를 선호하는 바람에 11번째 우주는 괴멸되다시피 했고, 우리가 살고 있는 12번째 우주는 그것을 방지하기 위한 장치로 머리로 인식하는 창조주가 아니라 가슴으로 받아들이는 창조주 체제를 마련했다는 것이 『예수 그리스도의 충격 메시지』에 언급되는 메시지다.

이러한 메시지는 하늘이 내리신 말씀에 <u>구세주란 세상의 주인인 나를 구하는 자라는 뜻이니 진심으로 나를 구해마지 않는 자에게는 나의 힘이 주어지리니 구세주가 가득 차는 날 지상천국이 이루어지리라</u>로 표현되어 있는 바와 같이 성경 상의 나팔로 작용될 수 있는 메시지는 처음부터 마지막 것까지 연결되는 모양을 갖춘 것이어야 하는 것이다.

그런데 12번째 우주 역시 순탄하게 진행되지 않은 관계로 근본의식에 찾아가 어드바이스를 구해, 근본의식이 제시한 이 우주와 대응하는 특별 지역 설정이라는 어드바이스에 따르는 결과가 지구 창조였다는 것인데, 이 같은 지구의 존재상의 위치에 대해 다른 말을 하는 정보는 혼란 조장용 역정보로 판단할 일이다. 이를테면 『밀레니엄 바이블』은 지구가 다른 은하계로부터 흘러들러온 별이라는 식으로 말하는데, 다른 은하계로부터 버려질 정도의 별에 이 우주에 존재하는 다양한 생명체, 다차원의 생명체 수용이라는 것은 삼척동자가 들어도 웃음 나올 소리다. 우주와 대응하는 지구라는 설정 하에서만이 이 우주에 존재하는 다양하고 다차원의 생명체의 지구에의 집중 수용이라는 점이 설명 가능한 것이다. 『밀레니엄 바이블』은 지구와 이 우주의 대응 관계 설정이라는 소리는 한마디도 안 나온다는 점에서 고의로 왜곡된 정보를 보내는 창조주와 맞서는 세력의 정보라는 판단이 가능한 것이다.

근본의식의 어드바이스대로 우리 우주의 축소판으로 지구를 만들어 우주의 문제점들을 지구에 집중시켰는데, 그것도 싸움만 일어나고 순탄치 않자, 일본이라는 특별 지역을 지구와 대응 관계로 놓았지만 그마저도 순탄치 않았다는 것이 한국 사람에게 대중적으로 주어진 넷째 나팔까지의 가르침이었던 것이다.

일본이라는 특별 구역 선정이 순탄하지 않자 그 다음 카드로 들고 나온 것이 한국이라는 특별 구역 선정이었다는 것을 전하는 메시지가 안동민 선생에게 내려진 한국인이여 들어라! 라는 특정 대상이 명시된 하늘이 내리신 말씀이었던 것이다.

이 메시지에 따르면 지상 천국이 이루어지면 하늘나라에서도 같이 하늘 천국이 이루어지리니 지상에서 풀면 하늘에서도 풀리며 지상에서 맺으면 하늘에서도 맺어지리라로 표현되어 있음으로써 푸는 것으로 시작하여 맺을 단계에 있는 창조주 하나님의 활동이 한국인들을 대상으로 하여 있을 것이라는 점을 알 수 있는 문제인 것이다.

우주 전체가 밝게 빛나는 전초 과정으로 지구의 지상천국화 방법은 .지구 구성원이 밝게 빛나는 의식에 이르는 길이고 그러한 의식에 이르는 길을 제시한 가르침이 『신과 나눈 교감』이다.

우주와 대응 관계에 놓인 지구라는 가르침을 줌으로서 지구부터 변해야
이 우주 전체가 변할 수 있다는 가르침을 받은 한국인이 가져야 하는 자세
는 어떠해야 하겠는가를 한국인이라면 느껴야 하는 것이다. 그런데, 지구
의 지상천국화의 방법이 무엇이겠는가?

07

북한을 살려야 하는 이유

신과 나눈 이야기는 고진재 사회체제를 소개하는 한 예로 토지 사유 재산화의 부당성을 제시한다. 또한 지하자원의 어느 한 지역의 독점 같은 것은 상상도 할 수 없다는 가르침을 준다. 모든 소득은 행성 전체의 공동 소유 임을 언급한다.

이러한 여러 가르침이 말하는 것은 이상적인 사회란 공산주의 사회임을 말한다. 지상천국화의 전제 조건은 공산주의 사회이므로 한국 사람만큼은 북한을 살려야 할 필요성을 느껴야 하는 것이다.

북한의 공산주의는 이유가 있어서 남아 있다고 생각해야 한다. 이유란 창조주의 영향이다. 한국이 지상천국화가 되려면 자본주의 체제가 아니라 공산주의 체제를 필요로 하기 때문에 통일 이후에 공산주의 체제로 정치를 하라는 창조주의 영향이 작용된 결과로 북한에 공산주의가 남아있을 수 있었다로 인식할 필요가 있다는 것이다

신과 나눈 이야기는 주기 위해서 가져라. 거저 주어라 식으로 말하고 닐과의 대화에서 일반인들의 공산당의 이유 없는 배척 사고방식의 문제점을

지적하듯이 신과 나눈 이야기가 제시하는 지상천국화의 사회체제는 자본
주의가 아니라 공산주의다.

<u>그러나 6.25 사변으로 너희는 그 속죄를 치렀느니라.</u>
<u>세계가 멸망할 것을 너희 민족이 입는 화로 대신을 하였으니 너</u>
<u>희는 세계를 위하여 스스로 십자가를 지은 것이니라.</u>

위의 라는 대목이 의미하는 북한의 위치는 다음과 같이 말할 수 있다. 북
한에서 6·25 전쟁을 유발했다는 자체는 물질계에 영향을 미치는 영계 상
에서는 북한이 지상천국화의 기틀을 마련했다는 것이다. 세계를 위하여 십
자가를 진 주축은 북한이므로 사실상 제일 먼저 지상천국화 해야 할 나라
는 북한이어야 한다는 것이다.

이렇게 사실상 북한이 제일 먼저 지상 천국화해야 함에도 권력 세습이
라는 현 정치구조 상으로는 지상 천국화 와는 거리가 멀어져 있는 것이 현
실이다.

지상 천국화 할 조건은 북한이 갖추고 있으므로 권력 세습이라는 정치
구조 하나만 바뀌면 북한만큼 지상천국화가 쉬운 조건도 없는 것에 따라
서 권력 세습 체제를 버려라 할 때, 버려지겠느냐가 북한부터 지상 천국화
가 이루어지느냐 마느냐의 관건이라고 할 수 있겠는데, 북한 지도부와 대
중들의 우매함은 지상 천국화 기틀 수용이 어려운 상황이라는 데에 문제
가 있는 것이고 따라서 지상 천국화는 역시 남한부터 시작되어야 함을 말
할 수밖에 없다.

남한부터 시작하는 북한 살리기에 들어가야 북한의 공산주의 체제가 유

용하게 활용될 수 있다는 것이다. 그런데 남한부터 시작하는 지상 천국화
는 전제 조건이 공산주의라 할 때, 공산주의 체제가 적용되는 조그만 지역
의 설정을 필요로 한다는 것이 된다.

남한의 지도부와 대중들의 우매함은 북한보다 더하면 더했지 못하지는
않은 상태이므로, 피를 보아야 하는 과정은 피해야 한다고 할 때, 피를 보
는 것을 피할 수 있는 방법으로는 조그만 섬 지역 하나를 선정하여 섬 지
역 내에서의 지상 천국화를 모델로 하여 나라 전체로 적용시켜 나가야 할
것을 말할 수 있는 것이다.

남한은 미국의 자본주의에 찌든 모습이기 때문에 이런 체제에 대한 갑작
스런 변혁 시도는 킬링필드라는 잘못된 역사의 반복을 필요로 하는 문제
라 할 때, 잘못된 역사의 반복이 되지 않을 수 있는 방법은 자본주의로부
터 탈출할 수 있는 환경의 지역을 하나 선정하는 것이다.

자본주의로부터 탈출하는 것은 먹는 문제 해결이 우선이어야 한다고 할
때, 그러한 지역에 적합한 지역으로는 강화도가 있다. 강화도는 과거 몽고
침입의 영향으로 간척지를 개간하여 농토로 만든 지역이 넓은 지역이다.
강화도는 1년 농사를 지으면 주민이 5년은 먹을 수 있는 농산물이 나오는
지역이다. 주민들의 각성만 있다면 먹거리 문제로 다툼이 일어날 지역은 아
니라는 것이다.

따라서 강화도 주민들만이라도 지구의 지상 천국화 모델을 선택한다면
이 모델을 내륙으로 전파해 나갈 수 있을 것이며, 이 모델은 북한에 적용되
는 게 쉬울 것이라는 것이다.

강화도는 몽고 침입 당시 30만의 인구도 수용할 수 있었을 정도로 거주

환경이 좋은 곳이다. 또한 주민도 순박한 토착민과. 도시의 찌든 모습 기피자로 구성되어 있어 내륙의 아귀적인 모습이 아니다. 이러한 모습은 자본주의 거부 체제의 지역 공동체 구성에 적합한 조건이고, 이러한 조건에 의한 자본주의 거부 체제의 경제 구조 완성을 본다면 미국의 속 국화로부터 벗어날 수 있다는 것이다.

그리고 베트남 역시 자기 민족의 피를 세계인의 목숨을 구하기 위하여 바친 민족이므로, 지상 천국화가 이루어져야 할 나라는 베트남인 것으로 말할 수 있다. 베트남 역시 지상천국화의 대상이라는 점은 하늘이 내리신 말씀의 다음 부분이 시사한다.

<u>너희 나라 아닌 곳에서 나머지 다섯 쌍의 의인(義人)들의 무리가 나리니 때가 오면 너희가 서로 알게 되어 열 두 개의 기둥이 되어 그 기둥 위에 지상천국(地上天國)이 이루어지리라.</u>

베트남은 민족적 규모의 희생이 미국의 개가 될 것을 자청하는 박정희 덕분에 쓸데없이 가중된 지역이라는 점을 감안하면 베트남의 지상 천국화를 위해 한국이 보여야 하는 자세가 어떠해야 하는 것인가는 말할 필요도 없다.

진심어린 사과와 함께, 지상 천국화의 동반자 관계가 형성되어야 하는 것이다. 박정희가 미국의 개가 될 것을 제 발로 걸어간 것은 베트남 국민들에 대한 씻을 수 없는 죄를 한국 국민에게 덮어씌운 것이며, 미국의 대 한반도 정책 수립에서 개일 것을 거부하는 북한에 대한 압박에 정당성을 부여한 죄도 된다는 부끄러운 사실을 인식할 일이다.

소련 연방 체제가 붕괴됨으로써 더 이상 미 연방화가 필요 없는 상황 하에서도 대 한반도 정책에서 한 쪽은 물질적 풍요를 느낄 수 있도록 무역 적자 정책을 쓰는 선을 가장한 악, 그리고 한쪽은 심각한 물질적 부족 형태로 압박을 가하는 악마 짓이 계속 될 수 있었고, 그것에 대해 정당성을 부여할 수 있었던 빌미가 오직 하나 박정희의 잘못된 정권욕에 있었다는 사실은 잘못된 정권욕 하나가 민족의 앞날을 어떻게 가로막고, 그것에 파급되는 영향으로 지구의 앞날을 어떻게 가로막으며, 나아가서 우주의 앞날을 어떻게 가로막는가를 느낄 일이다.

한국은 12개의 기둥 중에서 7기둥이 나와야 하는 국가이며, 나머지 5기둥이 나오는 국가와의 협조 하에 지구에 지상천국을 구축할 국가라는 점을 인식할 문제다. 잘못된 선택은 국가적 재앙으로 이어진다는 것은 김유신의 행위에 대한 업보로 타 민족의 힘에 의해 다시 갈리어졌다는 대목에 나타나 있는 바와 같이 기회가 주어졌는데도 놓치는 일본의 어리석은 모습을 답습할 필요는 없는 것이다, 그리고 하기 싫은 말이지만, 일본의 현재 모습은 사실상 멸망이듯 한국이 천우의 기회를 놓친다면 일본 꼴 나리라는 것이다.

운동에너지로
영구기관
만드는 방법

01
영구기관 가능론에
필요로 하는 기초사항

전기력을 이용하는 것, 자기력을 이용하는 것, 중력을 이용하는 것 등, 이미 많은 종류의 영구기관의 실현을 보고 있는 현 시점이지만 여기서는 운동에너지에 의하는 것을 선보이고자 한다.

큰 질량의 물체를 빠른 속도로 운동시키면 작은 부피 상에서도 크게 나올 수 있는 것이 운동에너지이므로 운동에너지는 실용성이 좋은 에너지로 말할 수 있다.

영구기관이 가능할 방법에는 운동에너지 이용 방법도 있을 수 있다는 점이 논해질 수 있는 배경은 운동에너지 발생상의 에너지 비 보존이다.

운동에너지가 발생된 상황은 에너지 비 보존이 이루어진 상황이라는 것이다. 이 점을 근거로 하는 영구기관론이 논해지기 위해서는 물체운동은 주어진 외력의 소모, 즉 전환에 의하는 것이 아니라는 점에 대한 지식이 필요하고, 운동된 물체가 내는 힘은 주어진 외력이라는 한계 내의 문제, 즉 보존을 말해야 하는 밀폐계상의 문제가 아니라, 외력이 차입되어 에너지 증가가 이루어진 개방계 상의 문제라는 점에 대한 지식이 필요하다.

이러한 지식 확보를 위해서는 에너지 전환(-과 전환을 논하는 것에 따르는 보존-)을 말하는 현 고전역학 체제를 전복시킬 필요가 있으며, 물체 운동이 개방계가 되는 원리를 밝힐 필요가 있다.

그러면 고전역학 체제 전복의 필요성부터 보도록 하자.

힘에는 작용을 일으킬 수 있는 형태의 힘인 진짜 힘(고체, 액체 기체상의 분자력, 전기, 자기, 열 같은 존재 이를 이하 원인력으로 칭한다)이 있으며, 원인력 간의 작용에 의해 만들어지는 힘인 압력(스프링의 탄성력, 유압, 공기압, 전자기적 인, 척력 같은 존재 이를 이하 종속력, 가짜 힘, 2차원의 힘, 가짜 무게, 현상 등으로 칭한다)이 있음을 인식할 필요가 있는데, 여기서 인식해야 할 사항은 만들어지는 힘인 압력은

1. 계간 출입이 있을 수 없다는 점이며

2. 가변량이라는 점이다.

계간 출입이 있을 수 없다는 점은 전환론, 축적론을 적용시킬 수 없다는 것이며, 가변량이라는 점은 보존론을 적용시킬 수 없다는 의미다.

열, 전기와 같은 원인력은 존재상에 독립성이 있음으로써 계간 출입이 가능한 존재이고, 양적 보존성도 보이는 존재다. 따라서 원인력은 다른 계로의 전도 또는 축적을 논하는 것이 가능하고 보존을 논하는 것도 가능하다.

하지만, 만들어지는 힘은 만들어지는 존재라는 특성상, 존재상에 비 실체성과 종속성을 보일 수밖에 없고, 따라서 계간 출입이 불가능한 존재임에 따라 전환론과 축적론의 적용 대상이 아니며, 또한 양적 보존성을 보이는 존재가 아님에 따라 보존론의 적용 대상도 아닌 것이다.

역학을 다루는 데에서 힘에는 이와 같은 차이가 있다는 점이 분명히 되었어야 했을 문제였는데, 분명히 되지 않은 역학이 고전역학이라는데 고전역학의 문제점이 있는 것이다.

이 점을 다음에 보이는 예를 통해 확인해 보도록 하자.

만들어지는 힘인 종속력(가짜 힘, 압력, 현상)의 계간 비 출입 인식의 필요성

1. 두 사람이 팔씨름을 한다고 하자. 근육에 의해 만들어지는 힘인 근력-이라는 가짜 힘-이 전도되는 힘이라면 두 사람 간에는 근력이 출입되어 같아질 것이다. 그렇다면 두 사람 간에 승부 나는 일은 없을 것이다. 그러나 그런 일은 없다.

그리고 만원 지하철을 탔다고 하자. 근력이 전도되는 힘이라면 사람들 간의 신체 접촉은 열차 내의 인원 모두의 근력이 같아지게 할 것이다. 그러나 그런 일은 없다. 이것은 근력이 비 전도력이라는 것을 말한다.

근력이 비 전도력인 이유는 근육의 종속력이기 때문이다. 달리 말하면 근육이 만들어내는 현상이기 때문이다. 현상이기 때문에 힘이되 진짜 힘이 아니라 가짜 힘이며, 근육의 면적이라는 2차원적 요소가 발생 요인이기 때문에 가짜 힘은 양으로 말한다면 2차원의 양이다. 2차원의 양은 양 자체가 비 실체이거니와, 3차원의 양과 같이 존재상에 독립성이 있을 수 없기 때문에(즉 존재상의 종속성 때문에) 전도성이 있을 수 없고, 따라서 비 전도성을 보일 수밖에 없는데, 비 전도성은 곧 비 소모와 동시에 계간 비 출입을 말하므로, 비 소모, 비 출입 상태의 힘에 전환론 적용은 어불성설이라는 점이 인식될 수 있는 문제다.

2. 고압기체나 스프링은 힘(압력)을 나타낼 때의 모양을 유지시켜 주면 힘(압력)을 계속 나타낸다. 공기나 스프링의 압력이 열이나 전류 모양, 전도되는 힘이라면 힘이 빠져나가 결국 0이 될 것이고, 그렇다면 힘이 계속 나타나는 현상은 있을 수 없다. 이것은 고압 기체나 스프링의 힘 역시 비 전도력이라는 것을 말한다.

공기압력, 스프링의 압력 역시 만들어진 종속력이기 때문에 비 전도성이 나타나는 것이고, 비 전도에 의한 비 소모성 때문에 압력이 무한 시간 나타나는 현상이 있을 수 있는 것이다.

3. 전자기적 인, 척력이나 중력에 의해 물체가 운동되었다고 하자, 고전역학에 의한다면 운동된 물체가 내는 운동에너지는 주어진 외력의 전환이어야 하므로 중력이나 전자기력은 소모되어야 한다. 그러나 그런 일은 없다. 이것은 중력이라는 압력, 전자기적 인, 척력이라는 압력 역시 비 전도력임을 말한다.

중력, 전자기적 인, 척력이라는 압력 자체는 전기, 자기라는 원인력의 활동이 만들어내는 가짜 힘으로서 종속력이라는 점이 인식될 필요가 있다. 중력이라는 압력, 전자기적 인, 척력이라는 압력 그 자체는 만들어지는 힘으로서 종속력이기 때문에 전기, 자기라는 원인력과는 달리 비 전도성이 나타나는 것으로 이해할 필요가 있고, 압력의 비 전도성은 곧 비소모를 의미하는 것이므로 주어진 압력에 의한 물체운동을 논하는 데에서 주어진 압력의 소모 즉 전환에 의한 운동을 논하는 것은 비합리적인 논리임이 인식될 수 있는 문제다.

이상, 언급된 만들어지는 힘인 압력의 존재상의 비 실체성과, 존재상의 종속성에 따르는 비 전도에 의하는 계간 비 출입의 의미는 주어지는 압력에 의한 운동이 있을 시, 운동은 주어진 압력의 소모에 의하는 운동이 아님을 말한다. 이는 곧 물체의 운동은 주어진 외력의 전환에 의한 운동이 아니라는 것이다.

다음에 말하는 바를 통해 이를 확인해 보도록 하자.

힘의 비 전도 하에서의 주어진 외력에 의한 물체의 운동

주어지는 외력이 열의 전도, 전기의 전도와 같이 계간에 출입되는 상태가 아니라면 물체에 외력이 주어졌다는 것은 물체와 외력이 접촉 했다는 것일 뿐, 외력을 서로 간에 주고받았다는 것이 아니다, 따라서 물체 운동 설명에서 물체에 외력이 주어지면 물체는 외력을 소유하고 소유한 외력은 운동에너지로 전환되는 것이라는 식의 설명은 채택 될 수 없는 방법이다.

다음의 예를 통해 이를 확인해 보도록 하자.

〈예 1〉

조그만 자갈을 사람과 불도저가 운동시킨다고 하자. 사람 손의 이동 속도가 초당 20m라면 자갈의 운동 속도 역시 초당 20m다. 그리고 불도저가 밀고 간다고 할 때, 불도저의 속도가 초당 1m라면 자갈의 운동속도 역시 초당 1m다.

이 예가 말하는 것은 물체가 운동되는 것은 주어지는 외력의 크기가 크다고 빠르고 많은 것이 아니라는 것이며, 따라서 이 예에서 말할 수 있는 것은 물체가 운동되는 속도는 주어진 외력의 크기에 관계없이 외력이 주어지는 속도와 관계가 있다는 것이다.

〈예 2〉

자동차의 엔진이 100km/h의 속도를 낼 수 있는 회전수로 회전한다고 하자. 자동차가 엔진으로부터 힘을 1분을 받든 1시간을 받든 100km/h인 것은 마찬가지다.

이 예가 말하는 것은 물체가 운동되는 양이 힘을 오래 받는다고 빠르고 많은 것이 아니라는 것이며, 따라서 이 예에서 말할 수 있는 것은 물체의 운동속도는 외력이 주어지는 시간에 관계없이 외력이 주어지는 속도와 관계가 있다는 것이다.

〈예 3〉

버스의 엔진이 100km/h 의 속도를 낼 수 있는 회전수로 회전한다고 하자. 운전수 한사람만 타고 있어도 100km/h이고 승객 100 명이 타고 있어도 100km/h 다.

이 예가 말하는 것은 같은 크기의 힘에 의해 운동될 때 물체의 무게가 가볍다고 많이 운동되는 것이 아니라는 것이며, 따라서 이 예에서 말할 수 있는 것은 물체의 운동속도는 운동되는 물체의 질량에 관계없이 외력이 주어지는 속도와 관계가 있다는 것이다.

위의 세 가지 예를 종합하면 주어지는 외력(압력)에 의해 물체가 운동되는 정도는

1) 주어지는 외력의 크기에 관계없이

2) 외력이 주어지는 시간에 관계없이

3) 운동되는 물체의 질량에 관계없이

외력이 주어지는 속도와만 관계가 있다는 결론을 얻는다. 물체 운동의 이러한 실제 모양은 학교에서 배워왔던 운동 모형과는 다른 모양이다. 학교에서는 주어지는 외력의 크기와, 시간에 비례하며, 질량에 반비례하는 운동 모형을 배워왔지만, 운동의 실제 모습은 이러한 모형을 지지하지 않는다. 물체운동의 위와 같은 모양은 거시물리도 양자역학 모형을 따라야 한다는 것을 의미한다.

그러나 현재는 양자역학 모형에 따르지 않는데, 그렇다면 지금까지는 왜 주어지는 외력의 크기와, 시간에 비례하고, 질량에 반비례하는 운동 모형을 버리지 못해 왔던 것일까?

그것은 육감 때문이었다. 물체에 외력이 주어지면 물체는 외력을 가질 것이라고 하는 근거 없는, 그러나 너무도 당연했고, 너무도 강력했던 육감은 역학이 사실과는 다른 형태로 논해질 것을 강요해 왔던 것이다.

그러나 만들어지는 힘인 가짜 힘은 소모되는 것도, 계간 출입되는 것도

아니라는 사실이 반영 되었더라면 가짜 힘에 대한 주어지는 외력 - 계간 외력 출입(즉 소모) - 에너지 전환(소모의 대가) - 에너지 보존의 코스로 다루어지는 역학은 나올 수 없었다.

이와 같은 사항은 운동이 내는 힘에 대해 지금까지와는 달리 다루어져야 한다는 것을 인식하게 하는 사항이다. 주어진 가짜 힘에 의해 발생되는 또 다른 가짜 힘 발생 문제는 소모 대가인 전환으로 다루어질 문제가 아니라 별도 발생으로 다루어질 문제라는 것이다.

그렇다면 별도발생은 어떤 방식으로 다루어져야 할 것인가? 즉 에너지 보존에 위배되는 체제는 어떻게 다루어져야 할 것인가? 지금까지의 전환으로 다루었던 것에 따르는 보존을 말하던 상태에서 별도 발생을 말해야 함으로써 비 보존을 다루는 형태로 바뀌어야 한다는 사실에 접하면 기존 물리 체제에 대한 전면적인 전복의 필요성을 의미하는 것으로 생각될 문제이겠지만, 사실은 그렇지가 않다.

주어진 힘에 의한 어떤 힘 또는 에너지의 발생이 별도발생인 것으로 설명할 방법은 현 과학이 이미 알고 있고, 답을 내고 있는 문제로, 아무것도 없는 가운데 갑자기 솟아난다는 식의 별도발생을 말하는 것이 아니라 어떤 기존의 원인력이 존재하는 가운데 그 원인력이 주어지는 외력에 의해 다른 원인력과 작용 하거나 이동하게 되면 주어지는 외력과는 다른 형태의 가짜 힘을 발생시킨다는 형태의 별도 발생을 말하는 상태다.

그것을 알 수 있는 실제 예를 보도록 하자.

현 과학이 힘의 별도 발생을 다루는 형태

1) 파스칼의 원리 성립의 경우.

밀폐된 용기내의 액체에 외력이 주어지면 액체는 파스칼의 원리로 말해지는 압력을 나타내는데, 액체가 나타내는 압력은 주어진 압력의 전환으로 말해질 사항이 아니라 액체 분자력이라는 진짜 힘의 작용이 만들어내는 또 다른 압력으로서 또 다른 가짜 힘의 별도 발생으로 말해져야 할 사항이다.

액체에 압력이 나타나는 이유가 액체 분자력이라는 견고성을 지닌 원인력이 용기의 견고성을 지지바탕으로 하여 작용하는데 있다는 것은 파스칼의 원리라는 말을 할 정도라면 누구나 말할 수 있는 것으로, 액체가 나타내는 압력에 대해 에너지 전환론을 개입 시킬 필요가 없다는 것은 누구나 아는 사실이다.

이렇게 액체가 나타내는 압력은 액체 분자력이 만들어내는 가짜 힘이라는 사실을 모르는 바 아니면서도 에너지 전환론, 보존론 체제의 강력성을 의식하면 액체 압력은 액체 분자력간의 작용이 만들어내는 별도 발생이라는 점을 대놓고 얘기할 수 없는 것이 현 실정인데, 에너지 전환론, 보존론 체제의 강력성은 힘의 계간 출입 개념의 근거 없는 강력성에 있었던 것임이 인식되는 문제라면 문제는 달라진다.

종래에는 힘이 계간에 출입된다고 생각했기 때문에 에너지 전환과 전환에 따르는 보존이 필수였지만 힘이 비전도력인 한, 계간 출입은 없는 것이라면 현재의 에너지 전환론은 계간 출입이라는 허구적 개념이 만들어낸 허구론이라는 것이므로 버려야 한다는 것이다.

사실로 에너지 전환론이 논해지는 현 상태는 허구이며, 허구인 점은 전환된다는 말만 있을 뿐, 전환 메커니즘이 없다는 점에서 지적될 수 있다.

모든 에너지는 가역적 또는 비가역적 형태로 전환을 통해 순환 된다는 것이 현재의 논리인데, 그 논리의 실체를 해부해 보면 전환된다는 육감만 있을 뿐, 전환에 관련된 메커니즘이 제시되어 있는 상태가 아니라는 점이 지적될 수 있는 것이다.

예를 들어 주어진 외력에 의해 운동에너지가 발생되었다고 할 때 A형태의 힘이 주어졌으면 A형태 힘에서의 실체가 무엇이고, 그 실체가 물체에 어떻게 들어가서 어떻게 활동하기 때문에 물체가 운동에너지를 나타내게 된다가 설명되어 있어야 정상인데 그런 설명이 현 에너지 전환론 체제에는 마련되어 있지 않다.

그리고 B형태의 힘이 주어졌으면 B형태 힘에서의 실체가 무엇이고, 그 실체가 물체에 어떻게 들어가서 어떻게 활동하기 때문에 운동에너지를 나타내게 된다가 설명되어 있어야 하는데 그런 전환에 관련된 메커니즘이 제시된 것이 없다.

에너지 전환론이 제대로 논해졌다고 할 수 있는 상태는 전환된다는 육감만 있는 것이 아니라 전환에 관련된 메커니즘이 제시되어 있어야 하는데, 에너지 전환론이 논해지는 현 상태는 그렇지 않다는 것이다.

이를테면 운동에너지로의 전환이라는 육감을 유발할 경우, 이 육감은 검증될 필요도 없는 절대선絶對善이어서 주어지는 힘이 어떤 힘이든 관계없이 이유 없이 무조건 운동에너지로 모양을 바꾸어야 하고, 전기에너지로의 전환이라는 육감을 유발할 경우, 이 육감은 검증될 필요가 없는 절대선이어서 주어지는 힘이 882가 됐건, 772가 됐건 이유 없이 무조건 전기에너지로 모양을 바꾸어야 하는 것이 현재의 에너지 전환론인데, 전환 이유를 묻는다면 메커니즘이 제시되는 것이 아니라 주어진 외력에 의해 발생 되는 것을 제 눈으로 보고도 모르면 772라는 것이 답이다.

예를 들어 근력에 의해 운동에너지가 발생되었을 경우, 현재 말해지는 바로는 근력이 운동에너지로 전환된 것이라고 하지만 사실상 근력이 운동에너지로 전환된다는 것은 육감일 뿐, 전환되는 논리적 근거는 없는 상태다.

전환되는 메커니즘을 묻는다면 주어진 힘에 의해 운동된 것이므로 주어진 힘이 운동에너지로 전환된 것이라 점을 모른다면 제 눈으로 보고도 모르는 772라는 것이 답이다.

이러한 상태는 잘못 된 상태이고, 이러한 상태에서는 빠져 나와야 한다고 할 때, 파스칼의 원리의 경우, 압력 발생의 원인은 액체 분자력 간의 작용에 있다는 것 즉 별도 발생임을 말할 수 있는 상태라면 주어진 힘에 의하는 또 다른 힘 발생을 다루는 문제에서 에너지 전환론, 보존론 체제에서 못 빠져 나올 이유는 없는 것이다.

2) 발전되는 경우

자기장을 도선이 끊으면 전류가 발생되는 문제 설명에서, 현 전자기론은 도선의 전기와 자석 주위의 공간에 형성된 자기장 간의 작용이 만들어내는 기전력에 의한 도선에서의 전자 이동 현상으로 설명한다.

이와 같이 설명에 도입된 실제 개념은 작용 개념이고 전환 개념이 아닌데, 쓸데없이 전환 개념이 개입되는 바람에 발생된 전류는 주어진 외력의 전환으로 말해지고 있는 것이 현 실정이라는 점을 볼 필요가 있다.

현 전자기학 상으로 보면 기전력은 전기와 자기의 작용이 만들어내는 종속력이라는 소리는 누구라도 할 수 있는 상황인 바와 같이 현 전자기학은 발전기상의 발전은 전기와 자기의 작용에 의하는 별도발생인 것으로 설명할 수 있는 구색을 다 갖추고 있는 상태인데도 에너지전환, 보존 개념의 강력성에 눌려 주어진 외력의 전기에너지로의 전환으로 논하는 상태인데, 에너지 전환, 보존 개념의 강력성의 이유는 근거 없는 가짜 힘의 계간 출입 개념의 강력성에 있었던 것이라는 점이 인식 될 수 있는 문제라면 주어진 힘에 의해 발생된 또 다른 힘을 다루는 문제에서 에너지 전환, 보존 체제에서 못 벗어날 이유는 없는 것이다.

그리고 가짜 힘을 다루는 문제에서는 축적을 다루는 형태로부터도 빠져나올 필요가 있다.

힘의 축적을 다루는 형태로부터의 탈출의 필요성

가짜 힘을 다루는 문제에서는 에너지 전환론 체제로부터의 탈출의 필요성 문제만 있는 것이 아니라 축적론 체제로부터의 탈출의 필요성도 있다는 점을 인식할 필요가 있다.

에너지 보존 취급 방법으로는 전환론 체제하의 방법과 축적론 체제하의 방법이 있는데, 힘의 계간 비 출입의 의미는 주어진 힘의 비 축적이므로 축적을 다루는 형태의 보존 논리로부터 탈출의 필요성도 있는 것이다. 축적을 다루는 논리로부터의 탈출이란 곧 적분을 다루는 형태의 논리로부터의 탈출을 의미한다.

적분을 다루는 형태의 논리로부터의 탈출 조건이 비 축적성에 대한 근거 제시라고 한다면 비 축적성에 대한 근거 제시는 다음과 같이 할 수 있다.

예를 들어 엔진이 공전한다고 하자. 엔진의 공전한다고 하는 것은 주어지고 있는 힘의 외부로의 방출이 없다는 것이므로 외력의 출입이 없는 한, 한번 주어진 힘은 보존된다고 하는 에너지 보존 법칙에 따른다면 엔진의 공전력은 축적 되었어야 한다. 그러나 공전 스위치만 끄면 공전력은 사라지고 만다. 공전력은 어디로 간 것인가?

「이봐 무대리 엔진의 공전력 어디로 갔나? 미그기타고 날랐나 땅굴파고 꺼졌나?」

「그런 문제는 [엔진의 공전력 = 여유출력 + 손실] 로 해결해야 하는 문제 아닙니까?」

「그런 거 누구한테 배웠나?」

「양치기 교수님이 그러던데요 힘도 일종의 양이기 때문에 일단 한번 주어진 양은 보존된다는 원칙에서 벗어날 수 없다. 따라서 엔진의 공전력은 사라지는 것 같이 보이지만 사실은 사라지는 게 아니라 여유출력 + 손실이라는 형태로 보존되는 것이라고 하던데요.」

「이봐 무 대리, 양치기 교수 같이 누구보다도 학자연하는 사람일수록 일단 한번 주어진 양의 보존이라는 논리 앞에 껌뻑 죽는 이유가 어디에 있는지 아나?」

「모드~~ 갔는디요」

「아니 이놈이 영구 닮았나? 모두 가기는 어딜 가?

양치기 교수 같이 학자연하는 사람이 엔진의 공전력 증발을 증발로 인정 안하려는 모습을 보일 수 있는 이유는 양의 차원 구별 의식 부재에 있었다.

엔진의 공전력이란 기체가 만들어내는 가짜 힘인 압력이다. 앞에 말한바 압력이란 비 전도력이며, 2차원의 양 상태의 존재다. 비 전도력인 까닭에 압력이 오랜 시간 엔진에 가해졌다 하더라도 엔진은 주어지는 힘을 가질 수 없다 따라서 엔진으로서는 나타낼 힘이 없는 것이다,

그리고 2차원의 양 상태의 존재로서의 압력이라는 존재 자체는 보존성과는 거리가 먼 존재이기 때문에 압력 발생 요인인 원인력 간의 작용이 계속 유지되지 않는 한 언제 존재했었느냐는 듯 사라지고 마는 것이다. 반면에 열은 진짜 힘이기 때문에 전도될 수 있고 축적될 수 있는 존재임에 따라 엔진이 뜨거워지게 되는 것이다.

이와 같이 양에 대한 차원 구별 의식만 있었어도 엔진의 공전력 증발은 에너지 비 보존이라는 점의 인식은 간단한 문제였는데, 양에 대한 차원 구별의식이 없었던 데에서 양치기 교수 같은 사람들이 일단 한번 주어진 양의 보존이라는 논리 앞에 꼼짝 못하는 모습을 보일 수 있었던 것이다.」

가짜 힘은 축적을 논할 수 없고 따라서 축적에 따르는 보존도 논할 수 없는 것이라는 점이 인식될 수 있는 문제라면 미적분이 동원된 현 운동에너지 공식은 공식 추출 과정부터가 모순이었다는 점을 인식할 수 있는 문제다.

현 운동에너지 공식은 미적분에 의해 추출된 식인데, 운동에너지의 양을 구하는 문제에 미적분이 동원된다는 자체는 주어진 힘의 총량 또는 운동에너지로 전환된 양의 총량을 구해야 하겠다는 의식이 바탕에 깔려있는 상태임을 말할 수 있다.

그러나 주어지는 힘이 가짜 힘인 이상 주어진 힘의 축적이란 없는 것이므로 주어진 힘에 대한 축적량을 구하는 형태로 다루어진 현재의 운동에너지 추출 공식은 모순인 것이며, 따라서 다시 쓰여 져야 하는 운동에너지 공식이라는 문제를 생각할 문제인데, 다시 쓰여 져야 하는 운동에너지 공식 문제는 뒤에 보도록 하고.

현 과학은 가짜 힘 종속력을 만들어내는 원인력 간의 작용 형태에 대해 파스칼의 원리의 경우, 액체 분자력 간의 작용 형태인 물체 힘 대 물체 힘의 작용으로 다루는 상태이고, 발전되는 경우, 도선의 전기와 자석 주위의 자기장 간의 작용, 즉 작용 형태가 물체 힘 대 공간 힘 간의 작용으로 다루는 바와 같이 원인력 간의 작용 형태에 대한 구별 안목도 갖추고 있는 상태인데, 이러한 만드는 원인력과 만들어지는 종속력 형태로 설명하는 체제는 역학 전반에 걸쳐 모든 경우에 다 적용 시켰어야 옳았던 것임을 볼 필요가 있고, 이를 보는 데에서 탈바꿈하는 과학의 모습을 본다는 말을 할 수 있다.

현 과학은 원인력과 종속력 형태로의 구분이 쉬웠던 경우 나타나는 종속력 형태의 힘에 대해 가짜라는 지위를 부여해 왔지만, 원인력과 종속력 형태로의 구분이 쉽지 않은 경우 가짜 지위를 부여했어야 옳았을 종속력에 대해 진짜 대우 해온 반쪽짜리 과학이었음을 알 필요가 있다.

원인력과 종속력 구분이 가지는 역학상의 의미

앞에 말한 바, 종속력이란 원인력 간의 작용이 만들어내는 압력으로서 현상이고, 따라서 힘이되 진짜 힘이 아닌 가짜 힘이다. 그런데 우리가 통상 힘으로 느끼는 것은 압력이라는 사실이다. 이러한 사실의 의미는 우리의 세계는 가짜가 겉으로 나타나서 진짜인 양 행세하는 세계로서 현상계라는 의미다.

우리의 세계는 원인이 되는 존재가 작용함으로써 압력이라는 만들어지는 가짜 힘, 다른 말로 하면 현상이 겉보기 적으로 나타나는 세계라는 것이다,

이것은 겉으로 나타나는 현상, 즉 겉으로 나타나는 압력에 대해 가짜라는 점을 파악 못하고 진짜 취급한다면 실수한다는 의미고, 이러한 실수에 바탕 되어있는 것이 고전역학, 중력론, 상대성이론, 전자기론이라는 점을 지적할 수 있다면 그 이론의 미흡성을 지적할 수 있다는 의미다.

양자 개념이 존재한다면 겉으로 나타나는 것은 가짜고, 가짜에 대한 원인이 되는 존재는 양자라는 점에 대한 인식 문제는 어려운 문제가 아니다. 그러나 양자 개념이 존재하지 않는다면 겉으로 나타나는 것이 진짜로 비쳐지게 되어 있다는 점에 대한 인식 또한 어려운 문제가 아니다. 이는 양자 개념이 있느냐 없느냐에 따라 물리 개념의 성립을 보는데 제대로 보느냐, 실수하느냐로 갈린다는 것이다.

여기서 아인슈타인 이전의 존재에게 양자 개념이 있었기를 바란다면 바라는 것이 무리라는 상황이라면 소위 대단했던 석학들의 실수 지적이 어려

운 문제만은 아니라는 점을 말할 수 있는 것이다.

우리의 세계는 현상계라는 점의 인식이 안 되어 있으면 현상을 가짜로 인식하지 못하고 실체로 착각하기 쉬운 세계인데, 이러한 착각에서 벗어나지 못한 논리의 대표적인 것이 중력론이었다는 점을 알 필요가 있다.

중력론 수정의 필요성

현 중력론은 힘을 보는 관점이 양자역학 출현 이전의 관점이었다. 힘 인식 방법이 양자역학 이전의 관점이었다는 사실은 겉으로 나타나는 힘 자체를 기본력화 했다는 점에서 나타난다. 겉으로 나타나는 것은 현상이기 때문에 실체화하면 실수라는 인식이 안 된 관점인 것이다.

모든 형태의 겉으로 나타나는 현상은 현상이라는 것으로 보고, 현상의 원인이 되는 존재가 어떠한 존재인가를 찾았어야 하는 것이 현상계를 다루는 원칙이다. 따라서 중력 문제에서는 어떤 존재가 물체로 하여금 중력이라는 인력 현상을 나타내도록 하는 것인가를 생각했어야 했을 문제였던 것이다.

양자 개념이 형성되어 있는 현 시점은 중력 문제를 그러한 방법으로 해결 했어야 옳았던 것이라는 점을 인식할 수 있는 시점이다, 따라서 현 시점은 중력 문제를 해결하려는데 동원될 수 있는 존재로 중력양자를 생각하기란 어려운 일이 아닌 상태다. 따라서 양자 개념이 형성되어 있는 현재로서는 중력양자와 물체가 접촉성 작용을 하는 것에 의해 중력이라는 현상이 나타나게 되는 것이라는 형태의 논리 전개가 가능한 문제인데, 이런 논리 전개 문제에는 중력양자 존재성 증명이 필수이지만, 증명되었다고 할 때, 중력양자의 존재 위치가 공간이어야 한다면 그러한 형태는 곧 중력을 다루는 형태가 에테르 물리학 형태가 된다는 것이다. 에테르 물리학 형태가 된다는 것은 힘의 작용을 다루는 방법이 기계적 작용론 형태로 바뀐다는 것이다.

작용론이 기계적 작용론 형태로 바뀐다면 이유를 모르는 공간 초월 체제를 벗어날 수 있다는 것이고, 이것의 궁극은 인간의 U.F.O. 소유 가능을 의미하는데 그건 그렇고, 겉으로 나타나는 힘은 현상이라는 형태로 취급되어야 우리 세계의 현상계 성에 부합된다는 점은 중력이라 해서 예외일 수 없다.

이 같은 사항은 중력 양자 존재성 증명이 필수인 것에 따라서 중력양자 존재성 증명에 들어가야 하는데, 중력양자의 존재성은 지구 중력은 물체로부터의 인력이 아니라 공간이 내리누르는 공간척력이라는 점의 지적으로 증명이 가능한 것이다.

지구 중력은 지구를 중심으로 보면 인력이지만 공간을 중심으로 보면 공간이 내리누르는 공간 척력이라는 것은 상대성에 의하는 논리이므로 이 논리 자체에는 하자가 없다.

따라서 중력이 사실로 공간 매질에 의하는 공간척력이라면 그에 따르는 현상이 나타날 것이고, 그러한 현상이 실제 상황이라는 점을 지적해 내면 중력양자의 존재성 문제는 증명되는 문제로 말할 수 있다. 그렇다면 중력은 공간 척력이라는 점에 대한 근거 제시 문제로 들어가 보도록 하자.

지구 중력이 공간 척력인 근거들

〈근거 1〉

지구 중력은 물체로부터의 인력이라고 할 수 없는 근거의 하나가 중력이 보이는 비 접착성이다. 전기적 인력, 자기적 인력, 접착제에서의 인력은 인력의 모양이 접착성을 보인다.

그러나 중력에서는 접착성이 안 나타난다. 겉보기 적으로 볼 때는 같은 인력임에도 어떤 것은 접착성을 보이고 어떤 것은 안 보인다면, 이 접착성 유무를 인력의 근원이 물체냐 아니면 공간이냐를 가리는 단서화 할 수 있는 것이다.

인력의 근원이 물체라면 자석에 쇠붙이가 붙는 것 모양의 접착성을 보일 것이지만 인력의 근원이 물체가 아니라면 물체와 물체 사이의 접착성은 보이지 않을 것이라는 점으로 외관상 인력으로 보이는 압력의 실체는 외부로부터 눌리는 척력적 압력이라는 점의 지적이 가능한 문제다.

중력이 접착성을 보이지 않는 이유로 만유인력 상수가 작아서는 이유가 되지 않는다. 지구 질량이 크기 때문이다. 따라서 중력도 근원이 물체라면 인력의 모양은 자석에서와 같이 접착성을 보였을 것이고, 그렇다면 몸무게가 60kg 인 사람의 걸음걸이는 쇠 신을 신고 60kg 의 압력으로 자석에 붙어 걸어 다닐 때의 모양이었어야 했다.

그러나 실제 걸음걸이는 그런 모양이 아니다. 지면과 사람의 발 사이에는 작용력에 대한 반작용력이 나타나고 있는 것이 실제 모양이다. 이러한 모양은 외부로부터 누르는 압력이 주어지는 것에 대한 반발력으로 설명되지 않으면 설명될 수 없는 모양이다.

이렇게 중력이 인력이라면 있어야 할 것으로 생각되는 접착성이 없다는 것은 중력의 인력성을 의심케 하는 사항인데, 중력론의 창시자 뉴턴이 중력이 공간척력일 가능성을 판단 못한 배경 내지는 고려하지 않은 배경은 다음과 같이 말해질 수 있다.

자석이 반발력에 의해 땅으로 떨어지는 상황을 관찰하는 개미가 있다고 하자. 개미는 자석 간의 반발력을 모른다고 하자. 개미는 자석간의 반발을 모르는 상태이므로 자석이 땅에 떨어지는 것을 보고는 땅과 자석 간에는 인력이 작용한다고 생각한다.

그러나 자석이 떨어지는 실제 이유는 자석 간의 반발이므로 자석이 나타내는 겉 보기적 인력은 땅과 접착성을 보이지 않는다.

자석이 나타내는 겉 보기적 인력의 모습이 바로 중력이 나타내는 모습이라고 한다면 중력이 보이는 비 접착성이 설명될 수 있었던 문제이므로 중력의 비 접착성만 중시했어도 지구 중력의 공간 척력성은 인식될 수 있었던 문제였다.

그럼에도 지금까지 지구 중력의 공간 척력성 문제가 인식되지 못했던 이유는 다음과 같은 비유 형태로 말할 수 있을 것이다. 개미가 자석이 떨어지는 이유를 생각하는 데에서 공간도 고려하는 모습을 보이는 여유가 있었다면 땅과 자석간의 인력론 한 가지만으로 밀어붙이는 모습을 보이지는 않았을 것이다.

그러나 개미에게는 공간을 고려할 여유가 없었다고 하자.

「자석이 땅에 떨어지는 원인을 아무것도 없는 공간에다가 설정한다는 것은 무모한 짓이야, 원인 설정은 역시 보이는 것이 있고 만져지는 것이 있는 물체에 할 수 밖에 없는 거야.」

이러한 생각으로 있는 개미는 물체 대 물체의 인력론을 고집한다. 그럼으로써 인력이 왜 공간을 초월하는가의 이유도 설명하지 않은 채 공간 초월력으로서의 인력으로 만들어 놓고는 공간 초월의 이유는 모르는 게 약이다(법칙이다) 형태로 만들어 놓는다.

이러한 개미의 행위가 곧 뉴턴의 행위였다는 것이다.

〈근거 2〉

중력이 공간척력이라는 것을 말할 수 있는 다른 근거로는 중력장 속에서 물체가 운동하면 물체의 무게가 변한다는 점을 들 수 있다. 현 중력론도 무게 변화 문제를 다루고 있지만 현 중력론이 다루는 방법은 중력장 하의 운동 시 나타나는 무게 변화 문제를 설명하는 데는 적절하지 못한 점이 있다는 점이 지적될 수 있다. 현 중력론이 말하는 중력 발생 원리에 따르면 물체 운동이 나타내는 무게 변화를 설명할 방법이 없는 것이다.

현 중력 공식 $F = G M m / r^2$ 의 식은 물체가 중력을 거슬러 올라가거나, 타고 내려올 때의 무게 변화를 설명할 식이 되지 못한다. 무게 변화가 설명되지 못하는 부분은 다음과 같다.

1. 자유낙하하면 중력적 무게가 0인데, $F = G M m / r^2$ 의 식 구조에서는

중력적 무게가 0이 나올 방법이 없다.

2. 물체가 중력을 거슬러 올라가면 무게가 더 무거워지는데, F = G M m / r^2 의 식 구조에서는 r 이 늘어남에도 무게가 더 무거워진다는 것은 식의 구조상 있을 수 없다.

3. 자유낙하 속도보다 빠른 속도로 낙하하면 무게가 역으로 나타나는데, F = G M m / r^2 의 식 구조에서는 무게의 역현상은 표현 불능이다. 무게의 역현상을 설명하자면 인력이 아니라 척력이어야 한다.

이와 같이 현 중력론으로는 중력장 속에서 운동하는 물체가 나타내는 무게 변화를 설명할 방법이 없는데, 무게 변화를 다룰 수 없는 이유는 힘의 존재위치 설정이 잘못 된 데에 원인이 있는 것이라는 점을 말할 수 있는 것이다.

중력장 하의 물체 운동이 나타내는 무게 변화 현상 설명에 공간 척력 관점이 유리한 점은 중력장과 물체 간에 작용량 변화를 다룰 수 있다는 점에 있다.

중력의 존재 이유가 물체 힘 대 공간 힘 간의 작용에 있다는 형태에서는 중력장 하의 물체 운동이 나타내는 힘의 크기 변화를 다음과 같은 형태로 다룰 수 있다.

1. 자유낙하 시 중력적 무게 0 현상은 물체 힘과 공간 힘 간의 작용량이 0인 것에 의하는 것으로.

2. 중력을 거슬러 올라갈 때의 중력적 무게 증가 현상은 물체 힘과 공간 힘 간의 작용량 증가에 의한 것으로.

3. 자유낙하 속도 초과 시의 역 무게 현상은 물체 힘과 공간 힘 간의 작

용이 역 작용으로 변하는 것에 의하는 것으로 설명할 수 있게 된다.

중력장 속에서 움직이는 물체가 나타내는 저항이 변화되는 모습은 흐르는 강물 내에서 움직이는 배가 나타내는 저항의 변화 모습과 비슷하므로 위와 같은 설명 방법 제시는 지구 주위의 공간에는 강물처럼 흐르는 중력양자가 있거나, 아니면 흐르는 효과가 나타나도록 운동하는 중력양자가 있어 이 중력양자의 운동이 물체의 어떤 힘과 작용하면 물체가 중력압이라는 중력적 무게를 나타내게 되는 것으로 설명될 문제라는 점을 의미하는 것이고, 중력적 무게를 나타내는 정도는 물체 힘과 중력양자 간의 상대 속도와 밀도에 관계가 있는 것으로 다룰 문제라는 점을 의미하는 것이다.

그렇다면 중력양자는 어떤 힘이고, 중력양자는 어떻게 해서 활동하게 되는 것이며 중력양자와 작용을 하는 물체의 힘은 어떤 힘일까를 밝히는 것이 중력 발생 메커니즘에 접근하는 방법이라는 것을 말할 수 있겠는데. 이 문제는 뒤에 말하도록 하고.

지구 중력은 지구라는 물체로부터의 만유인력이 아니라 공간 척력이라는 증거가 될 수 있는 사항을 계속 보도록 하자.

〈근거 3〉

지구 중력은 물체가 나타내는 만유인력이 아니라는 것을 말할 수 있는 또 다른 근거는 자유낙하 운동은 직선운동이라는 점이다.

그러나 지구상에서의 관찰시에나 직선인 것이고, 공전과 자전이 관찰되는 외부 공간에서 관찰한다면 적도 지방에서는 포물선, 극지방에서는 직선 형태의 운동이다.

따라서 중력선을 그린다면 현재 모양 지표면에 대해 90도 각도 직선체제로 그릴일이 아니라 자전축을 중심으로 하는 각 위치마다 기울기가 다른 맴돌이체제로 그렸어야 했다.

이렇게 자유낙하 운동의 실체는 맴돌이인데도 지구에 대한 직선 체제가 설명되어야 한다면 그 이유로 적합한 것이 지구와 똑같이 움직이는 공간 척력장 모형이다. 즉 지구에 대해 정지된 공간 척력장 모형이다.

자유낙하 직선 체제가 만유인력 관점에서는 설명될 문제가 아닌 이유는 전 우주 공간의 지구에 대한 경배라는 점에 있다. 무한 공간까지 유효한 만유인력 모형은 자유낙하 운동의 직선 체제는 전 우주 공간이 지구와 똑같은 상태로 운동되어야 한다는 막강함을 바탕으로 했어야 하는 문제였다.

자유낙하의 지구에 대한 직선 체제는 무한 공간까지 유효한 만유인력 논리의 부당성을 말할 수 있는 사항인데, 공간 척력장으로서의 중력장 모형은 지구에 대한 정지라는 모형으로 자유낙하 직선 체제가 설명될 수 있다는 점에서 지구 중력의 공간 척력성을 말할 수 있는 것이다.

자유낙하 직선 체제는 공간 힘의 정지 모양이 지구에 대해 수평방향을 말하는 것이지 수직 방향을 말하는 것이 아니므로 중력 양자의 활동 모습은 폭포수 같이 떨어지는 운동이거나 아니면 떨어지는 효과를 나타내는 상태의 운동이라는 점을 말할 수 있는데, 중력양자 활동을 다루는 문제는 뒤로 넘기기로 하고, 중력의 공간척력성을 말할 수 있는 또 다른 근거를 보도록 하자.

〈근거 4〉

중력이 무한 공간까지 유효한 만유인력일 수 없는 또 하나의 증거가 되는 사항은 지구 중력의 유한성이다.

로케트 여행에서 탑승자는 서서히 없어지는 중력을 경험하는 것이 아니라, 8G니 5G니 조금 전까지도 극렬했던 중력으로로부터 어느 한계만 넘어서면 갑자기 자유로워지는 것을 경험하는 상태다. 이 갑자기 자유로워지는 부분이 지구 중력의 한계라는 점을 인식할 문제다. 어느 한계만 넘어서면 언제 그랬느냐는 듯이 갑자기 사라지는 중력을 경험하면서도 중력의 유한성을 깨닫지 못한다면 세뇌된 덕분이다.

로케트 여행상에서 탑승자는 지구 주위 밀집된 전기 구름대를 통과하면 갑자기 사라지는 중력을 경험하는 것이 현실인데, 공간 척력 관점이 이러한 지구 중력의 한계성 설명에 유리한 위치를 차지할 수 있는 이유는 시작점 설정이 가능한 체제라는 데 있다. 중력양자의 정체가 전기력이라는 점이 밝혀진다면 지구 중력의 시작점은 지구 주위 전기 구름대라는 점이 말해질 수 있는 체제다.

〈근거 5〉

기조력 현상이 달의 인력에 의한다고? 기조력 현상을 달로부터의 인력으로 설명해 온 방법의 유치성을 인식한다면 만유인력 존재성에 대한 회의적인 시각이 형성됨을 말할 수 있다. 기조력을 달의 인력으로 설명하는 방법의 유치성을 보도록 하자.

기조력이 정말로 달로부터의 인력에 의해 발생되는 현상이라면 달의 인력은 바닷물에만 작용되는 것이 아니라 지구상의 모든 물체에 똑같이 작용될 것이므로, 달의 인력에 의해 바닷물이 끌려 올라가는 것이라면 지구상의 모든 물체는 달에 끌려 달을 볼 때는 가벼워졌다가, 달을 안 볼 때는 무거워지는 현상을 나타내야 했다.

그러한 현상은 비중이 큰 물체일수록, 그리고 면적이 넓은 물체일수록 뚜렷해야 했다.

그러나 그러한 현상은 나타나지 않는다. 어떤 물체의 무게가 60kg이라면 달을 볼 때나, 안 볼 때나 60kg인 것은 마찬가지다.

바닷물이 달의 인력 때문에 올라가는 것이라고 한다면 물체 무게는 왜 달의 인력 때문에 가벼워지지 않는 것인가? 그리고 달의 인력이 존재하는 것이라면 물체는 달에 끌려서 저절로 세계 일주를 했어야 했는데 세계 일주는 왜 안 일어나는 것인가?

달의 인력이 만유인력이라면 바닷물만 골라가면서 끌어당기는 것도 아닐 테고, 따라서 바닷물이 올라간다면 물체의 무게가 가벼워져야 하는데 가벼워지지 않는다. 가벼워진다면 얼마나 가벼워져야 하는가를 계산해 본다면 인천 앞 바다의 물이 10m 올라간다면 1cm²당 1kg이라는 수치로 가벼워져야 한다는 것이므로 60kg의 물체가 60cm²의 면적을 가진다면 달을 볼 때는 무게가 0이 되었다가 달이 빙 돌아서 반대쪽에서 잡아당긴다면 120kg이 되어야 한다는 의미다. 그러나 이런 일은 없다. 그렇다면 이것은 달로부터의 인력은 없다는 것이 되므로 만유인력이란 없다는 것이 된다.

이렇게 달로부터의 인력이라는 형태로 기조력 현상을 설명하는 데에서 꼭 있어야 하는 현상이 없다면 이것이 의미하는 바는 현재의 기조력론은 원인을 잘못 짚고 있다는 것이고, 따라서 기조력의 원인은 다른 데에서 찾아야 한다는 것이다.

지금까지 만유인력으로 알아왔던 문제를 갑자기 원인을 다른 데에서 찾아야 한다는 문제가 닥치면 현 상태로는 설명할 방법이 없기 때문에, 어떻게 손 써볼 방법도 없이 막막한 상태가 된다는 것은 연구자가 아니더라도 쉽게 생각될 수 있는 문제일 것이다, 기조력 현상 설명은 전기론 수정 그리고 자기론 수정을 거쳐야 비로소 설명될 문제로 당장은 말할 수 있는 문제가 아니다.

따라서 기조력 발생 대한 문제는 뒤로 미루도록 하고 일단은 현 중력론에는 문제가 있다는 점에 초점을 맞추는 상태로 진행해 나가도록 한다.

기조력의 원인은 만유인력이 아닌 다른 데에서 찾아야 한다는 결론은 별과 별 사이의 인력을 말하는 것이 과연 옳은 방법이겠는가를 생각해 보게 하는 문제인데, 별과 별 사이의 인력론으로 기조력을 설명해 왔던 것은 벡터의 합성과 분해에 따르는 힘의 평형 파괴라는 물체가 운동될 조건상으로 본다면 터무니없는 모순이었음이 지적될 수 있는 것이다.

달의 인력에 의해서 물체가 끌린다고 말은 쉽게 하지만 이런 말을 하는 자들은 물체의 운동 조건인 벡터의 합성과 분해에 대한 시험을 치렀으면 0점 처리 되었을 자들이라고 할 수 있다.

달의 인력에 의한 지구상의 물체 끌림을 말하는 자체가 말이 안 되는 것이, 달의 인력이 지구의 1/6이라면 달을 지구 가까이 끌어놓아도 지구 인력보다 작아 물이 올라간다고 할 수 없는 판에, 38만km 떨어진 위치에서 당기는 인력이 지구 중력보다 커 가지고 지구 중력을 이겨내고 물체가 지구상에서 볼록하게 올라온다는 식으로 물체의 달로의 끌림을 말하는 모습은 벡터의 합성과 분해라는 물체의 운동 조건 차원에서 본다면 운동이 일어날 기본 조건조차 무시된 논리라는 것을 말할 수 있는 것이다.

벡터의 합성과 분해부터 가르치는 물리 교육 체제부터 뜯어 고치든가 할 일이지 벡터의 합성과 분해에 의한 물체의 운동부터 가르쳐 가면서도 지구의 1/6 밖에 안 되는 것이, 그것도 38만 km 떨어진 위치에서 잡아당기는 것이 지구 중력보다 커 가지고 지구 중력을 이겨내고 물체를 끌어 올린다고 말하는 자체는 애들도 이런 장난은 안할 것이라고 할 수 있는 상태다.

또한 인천 앞바다의 물이 올라가는 높이가 10m 라면 10m라는 끌림에 한계가 있는 모양은 기조력 현상상의 운동은 벡터의 합성과 분해 방식으로는 설명할 수 없는 문제라는 점이 생각되어져야 한다. 이 말은 벡터의 합성과 분해에 의한 힘의 평형 파괴에 의한 운동 방식으로 물체의 이동이 설명된 상황 하에서는 일단 평형이 깨어진 것에 의한 운동은 운동에 한계가 있는 모양을 보일 수 없는 것이므로 일단 힘의 평형이 깨져서 물이 올라가는 것이라면 힘의 평형이 깨지는 것을 끝낼 장치가 없는 한, 물의 끌림 현상은 달까지 이어져야 한다는 것이다.

기조력 현상에 운동의 한계가 있는 실제 모양은 기조력 현상에 적용되어야 하는 역학은 벡터의 합성과 분해에 의한 힘의 평형 파괴에 의한 운동방식이 아닌 다른 방식으로 운동을 설명해야 할 문제라는 점이 생각될 문제다.

기존 설명 방식대로 지표로 부터 약 2000km 깊이에 지구와 달의 공통 중심 형성에 의한 한 쪽은 달의 인력에 의한 힘의 평형 파괴, 다른 한 쪽은 원심력에 의한 평형 파괴 운동 논리로 기조력 현상을 설명할 문제가 아니라는 것이다.

기조력 현상에 10m 라면 10m라는 한계가 있다는 것은 기조력 현상은 힘의 평형이 깨지지 않는 상태이면서도 운동은 있을 수 있는 이상한 운동 모형을 필요로 하는 문제라는 것이다.

일단 힘의 평형이 깨진 것에 의하는 운동이라면 그것을 끝낼 장치가 없는 한 계속 운동되어야 한다는 물체 운동에서의 기초 상식에 의한다면 공통중심 형성에 의한 바닷물의 부침론은 지구상에 바닷물이란 한 방울도 존재할 수 없어야 한다는 소리가 되는 것이므로 지구와 달간의 공통 중심 형성에 따르는 한쪽은 달의 인력, 다른 한 쪽은 원심력에 의하는 평형 파괴에 의한 기조력 발생 같은 논리는 그야말로 말이나 못하면 밉지나 않지 성 논리다.

「안 그런가 무 대리?」

「그래서 워째자고요오오…… 기조력의 원인이 만유인력이라면 다른 물체는 내버려두고 왜 하필 바닷물만 잡아 당기냐의 문제에 걸리면 개소리고, 벡터의 합성과 분해에 의한 운동이라는 문제에 걸리면 달의 인력에 의한 물의 부침 문제는 애들도 안할 소리고, 공통 중심 형성에 의한 기조력 설명은 말이나 않으면 밉지나 않지 성 미운 털 소리라면 기조력 설명은 워떻게 설명 되는 거냐고요오오…….」

기조력 문제 설명은 일단 다음을 제시할 수 있다.

기조력 현상은 지구를 둘러싸고 있는 공간 힘 전체의 모양이 찌그러드는 것에 의한다. 공간 힘이 찌그러드는 것이 물체에 반영되로 것이 기조력 현상인 것이다. (공간 힘이 찌그러드는 원인 문제는 현 전자기론 수정 후에 언급 가능한 문제다.)

인천 앞바다의 물이 10m 올라갔다고 하자. 그 위에 배가 떠 있다고 하자. 그 배에서 몸무게를 잰다고 하자. 그런다고 몸무게가 달라지지는 않는다. 이렇게 물이 10m씩이나 올라가는 변화가 있음에도 중력적 무게에 변화가 없다는 것은 앞에서 중력적 무게는 무엇인가에 의해 만들어지는 가짜라고 말했듯이 중력적 무게가 2차원성 양이라고 할 때, 2차원성 양을 나타낼 수 있는 3차원의 양 체 상에는 변화가 없었다는 것을 의미한다.

중력적 무게라는 2차원의 양을 만들어내는 3차원의 양 체의 하나가 중력양자이고, 또 다른 3차원의 양 체가 중력양자와 작용하는 물체의 어떤 힘이라면 이 두 가지 힘의 양이 변하지 않았다는 것이다. 그러면 물이 10m씩 올라가는 변화에도 불구하고 중력적 무게라는 2차원의 양 상에 변화가 없을 수 있는 3차원적 양 체의 존재모형으로 공간에 존재하는 중력양자의 존재 모형은 어떠한 모형이어야 할까?

그런 모형은 공기와 같이 공간에 골고루 존재해야 하는 모형이다.

고무풍선에 바람을 넣고 찌그려보자. 풍선의 부피만 변하지 않는다면 풍선의 찌그러진 모양에 관계없이 풍선내의 압력(=2차원성 힘)은 일정하다. 이와 비슷하게 중력의 원인인 공간 힘의 전체적인 모양이 공간 힘 대 공간 힘 간의 작용에 의해서 찌그러들었다고 하더라도, 그 찌그러든 모양에 관계없이 항상 일정한 중력적 무게라는 2차원성 양을 나타낼 수 있는 3차원적 양

체의 공간 존재 모형은 공간에 골고루 분포되어 있는 공간 입자 모형인 것이다. 다시 말하면 지구 주위에 존재하는 공간 힘의 모양이 달에 대해 땅콩 현상이 발생하는데, 땅콩 현상 발생에 관계없이 공간 힘이 분포하는 밀도만 고르다면 중력적 무게는 변하지 않을 수 있다는 것이다.

기조력 현상시 중력적 무게에 변화가 없는 상태에서도 물체의 부침이 있는 현상, 세계일주가 없는 현상 등이 설명되기 위해서는 만유인력적 중력론에서 빠져나와야 만이 가능한 것이며 이것은 지구 중력이 만유인력이 아니라는 문제를 떠나, 만유인력이라는 자체가 존재하지 않는 힘이라는 것을 말할 수 있는 근거로 말하기에 충분한 것이다.

「이봐 무 대리. 만유인력이라는 힘은 아예 존재하지도 않는 힘이라는 점을 좀 더 확실히 할 필요가 있다고 생각하지 않는가?」

「그럼 뉴턴이 때찌 놈 할 텐데요 」

〈근거 6〉

만유인력이라는 힘은 존재하지 않는 힘이라는 점은 작용이라는 면의 고찰에서 가려진다. 중력이 중력양자의 소산이냐, 아니면 만유인력적 작용의 소산이냐는 중력 벡터의 모양 분석에서 가려지는 것이다.

중력적 벡터가 중력양자에 의해 일방적으로 눌리는 것에 원인이 있는 것이라면 일방성을 나타낼 것이고, 만유인력적 작용에 원인이 있는 것이라면 공기압, 유압, 스프링의 인장력 벡터 모양으로 작용, 반작용의 쌍방성을 나타낼 것이라는 벡터의 모양 분석, 즉 중력이라는 자체가 작용 능력이 없는 가짜라면 작용 흔적을 발견할 수 없을 것이고, 만유인력이라는 진짜라면 작용 흔적을 발견할 수 있을 것이라는 것인데, 중력이 보이는 실제 모습은 작용 흔적을 발견할 수 없는 일방성을 보이므로 만유인력은 존재하지 않는 힘임을 말할 수 있게 되는 것이다,

만유인력이 존재하지 않는 힘임을 말할 수 있는 증거는 임의의 물체의 산 밑 터널 안에서의 무게가 밖에서의 무게와 같다는 점을 들 수 있다.

산 밑 터널이라 함은 산만큼의 질량이 위에 존재하는 공간이므로 만유인력이 작용한다면 터널 안에서는 산의 인력만큼 무게가 가벼워져야 한다.

이 말은 현 중력론이 말하는 라그랑주 점은 우주 공간에서만 찾을 일이 아니라 터널 안 공간에서도 찾았어야 했다는 것이며, 터널 안 공간에서 라그랑주 점의 기미를 검출해 낼 수 없다면 만유인력은 존재하지 않음을 말할 수 있다는 것이다.

〈근거 7〉

만유인력이란 존재하지 않는 힘이라는 것을 말할 수 있는 또 하나의 근거로 물체가 가지는 중력량은 만유인력 상수×질량으로 구해질 수 있다고 말해지는 현 상태의 문제점을 보도록 하자.

현 과학에 따른다면 지구 중력량은 [지구질량×만유인력 상수]로 구할 수 있다고 하므로 지구 질량 [6×10^{24} kg]×만유인력 상수[$6,670 \times 10^{-11}$N]를 계산하면 지구의 중력량은 400200000000000 kg N이라는 답을 낸다.

이런 답을 낸다는 자체는 지구 중력량의 유한성을 말하는 것이고, 그렇다면 유한성에 따르는 문제가 고려되어야 한다는 것인데, 이 답은 지구

의 총 중력량이므로, 단위면적당의 인력량을 구한다면 지구 표면적이 약 $51×10^{13}$ m² 이므로, 400200000000000 kg N / $51×10^{13}$ m² 해서 1 m² 당 약 0.784 kg N 이라는 답을 얻어낸다.

이 답의 의미는 60kg 무게를 나타내는 질량체일 경우, 지구상에서 차지하는 면적은 약 76.4m² 이어야 한다는 것이다. 그만큼한 면적체가 아닐 경우 지구의 질량 수용능력 초과에 의해 지구 밖으로 날아갔어야 했다는 의미다. 그러나 이런 일은 없다.

실제 지구 중력은 앞에 근거 2에서 본 바와 같은 운동 상에서의 가변성을 보이는 것과 함께, 질량체에 대한 무한 수용 능력도 보이는데, 무한 질량수용 능력이 설명될 수 있는 모형은 질량체를 투과해 가면서 물체 입자 하나하나에 일일이 영향력을 행사하는 작은 입자로서 중력장 내에서 활동하는 중력양자 모형이다.

중력장 안에서 활동하는 중력양자가 끈처럼 형성된 상태에서 물체를 관통하는 상태로 물체 입자 하나하나에 영향을 미친다는 모형을 택한다면 지구 중력이 보이는 질량체에 대한 비례성과 무한한 질량수용 능력, 그리고 운동 상에 보이는 무게 변화 능력이 설명될 수 있다.

〈근거 8〉

중력이 사실로 물체가 내는 인력이라면 산이라고 함은 물질이 그만큼 더 많다는 것이므로 중력은 평지보다 산이 더 커야 했다. 따라서 자유낙하는 산으로 집중되는 현상을 보여야 했다. 그러나 실제 관측치는 평지가 더 크고 집중 현상도 없다.

평지가 더 크고 집중 현상이 없는 이유를 공간척력으로 설명한다면, 공간장의 밀도가 지구와 가까울수록 밀도가 조밀해지기 때문으로 말 할 수 있다.

「이봐 무 대리, 중력은 물체로부터의 인력이 맞는가?」

「그걸 의심하는 사람은 필자밖에 없어요. 남들은 다 중력은 만유인력이다 하는 판에, 혼자 공간척력이다 하는 걸 보면, 사람이 미쳤다 안 미쳤다를 떠나 나처럼 예술이군요.」

「이놈이 깨갱 소리를 못 내서 안달을 해요. 산은 물질이 많다는 것인데 왜 중력이 더 크지 않은 건가?」

「지구중심에서 멀기 때문이죠. 지구중심에서 멀기 때문에 산은 중력이 작을 수밖에 없는 거예요.」

「지표면이 제일 외곽에 있기 때문에(물질이 많기 때문에) 지표면이 중력이 제일 크다며. 그렇다면 제일 외곽에 있는 건 산인데? 제일 외곽에 있는 건 산이니까, 산이 중력이 더 커야 하는 거 아닌가? 지구중심에서 멀기 때문에 산이 중력이 작다는 소리는 지표면이 제일 외곽이기 때문에 중력이 제일 크다는 논리에 위배된다는 생각이 안 드나?」

「안 드는데요.」

「왜 안 드나?」

「그런 생각하면 좌빨이라고 왕따 당해요. 뉴턴하면 아이고 하나님 하는 사람인데 하나님 같은 사람한테 감히 덤벼들다가는 뉴턴 당 새파란 놈들한테 맞아 죽어요.」

「뉴턴 내가 손봐 줄 테니까 안심하고 말해봐.」

「원심력도 생각해야죠. 산은 원심력이 더 크기 때문에 중력이 작은 거예요.」

「뉴턴 당 새파란 놈들이 그런단 말이지」

그렇다면 어떤 물체에서 그 물체의 극지방과 적도지방에서의 무게는 원심력의 크기만큼 달라야 한다는 것이 된다. 적도 지방에서의 원심력을 구한다면 지구 반경을 약 6400km로 잡을 때, 지구 자전 속도는 적도를 기준으로 하면 초당 약 465m로 계산되므로 적도지방을 항해하는 배의 질량이 60톤이라고 할 경우 이 배가 나타내는 원심력의 크기는 원심력 공식 F = m v² / r 에 대입하면 약 2027 kg이라는 계산이 나온다. 사람 질량이 60kg이라고 해도 약 2kg이라는 계산이 나온다.

그렇다면 적도지방에서 60kg 이던 사람은 극지방에 가면 62kg이 되어야 한다는 것이다. 그런데 적도 지방에 있는 물건이 극지방에 가면 무게가 늘어난다는 보고는 없다. 산의 중력이 더 작다는 것을 측정해 내는 현 기술 하에 약 1/30 에 해당되는 무게 차이가 있어야 하는 것이 보고되어 있지 않다면 이것은 지구 중력을 만유인력과 원심력의 합성으로 생각하는 자체가 잘못 되었다는 것을 의미한다.

지구 중력의 실제 모습은 인도 연안 쪽은 작고, 남태평양 쪽은 큰 모양을 보이는데, 이 같은 모양은 만유인력과 원심력 합성이 지구 중력이라는 기존의 중력 모형으로 설명될 문제가 아니라고 할 때 실제 모양이 설명될 수 있는 모형은 공간 척력으로서의 중력모형이라는 점이 생각될 문제다.

중력의 공간척력 관점은 각 위치마다 중력의 크기가 다르게 나타나는 원인을 물체와 중력양자 간의 작용량 변화로 다를 수 있는 위치다.

그리고 위에 본 바와 같이 지구상의 물체는 지구 자전에 따르는 원운동을 하고 있는 상태임에도 원심력을 나타내지 않는다는 사실에서 생각할 것은 물체가 원운동을 하면 무조건 원심력을 나타내는 것으로 생각해 온 사고방식은 잘 못이라는 점을 인식할 일이라는 점이다.

원운동이라는 자체는 순간순간 방향이 바뀌는 가속도 운동인데, 가속도 운동임에도 지구상의 모든 물체가 지구 운동에 따르는 질량 변화 (즉 원심력)를 나타내지 않는다는 것은 지구와 같은 속도로 운동되는 물체 즉 지구에 정지된 공간 힘과 상대성을 가지지 않는 물체는 원심력이 나타나지 않는다는 것이 되는 것이다. 이것은 곧 원심력 현상은 지구에 대해 정지된 공간 힘과 상대성을 가질 때에만이 나타난다는 의미다.

지구에 대해 정지된 공간 힘과 상대성을 가질 때에만이 원심력을 나타낸다는 사실은 곧 물체 운동에의 공간 힘의 견인을 의미한다. 견인되던 공간 힘이 가속도 변화에 의해 외부로 빠져나갈 때 빠져나가는 힘이 가하는 압력이 원심력인 것으로 판단할 일이라는 것이다. (공간 힘의 견인은 물체에 비해 상대적으로 가벼운 공간 힘의 질량이라는 문제로 설명이 가능한 문제다.)

따라서 물체가 운동되면 공간 힘은 견인 되는 것으로 생각해야 하는데, 직선 운동 상에서 공간 힘의 견인에 따라 나타나는 현상이 바로 잔여 관성력 현상이다. 잔여 관성력 현상이란 물체가 완전히 정지된 상태에서도 얼마동안은 운동되던 방향으로 움직이려는 현상을 말한다.

당신이 화물차 운전수라고 하자. 주행 중에 장애물이 나타나서 브레이크를 밟았다고 하자. 육감적으로 정지된 상태임을 확인하고 브레이크를 풀면 차는 앞으로 더 굴러나간다. 이 같은 현상은 견인되던 공간 힘이 물체를 빠져나가는 과정에 물체에 가하는 압력에 의하는 현상인 것이다.

그리고 지구상의 물체가 나타내는 문제로는 원심력이 안 나타나는 문제만 있는 것이 아니라 관성 저항, 운동에너지도 안 나타난다는 사실을 인식할 필요가 있다. 관성력은 운동이 있으면 무조건 나타나는 것이 아니라 지구에 대해 상대성을 가질 때에만이 나타난다는 사실이다.

만약 지구상의 모든 물체가 지구 운동에 따르는 운동에너지를 가진다면 지구상의 모든 물체는 자전 방향에 역행하는 운동에는 운동에너지를 이겨내는 힘을 필요로 했어야 했다. 그러나 실제로는 자전 방향에 역행하는 운동이라 해서 운동에너지를 이겨내는 힘을 필요로 하지 않는다. 이러한 모습은 지구에 대해 정지된 공간 힘과 상대성을 가지지 않는 물체는 운동에 따르는 에너지를 나타내지 않음을 의미하므로 운동에너지는 지구에 대해 정지된 중력장 간의 작용에 의해 나타나는 현상으로 다루어야 한다는 답을 얻는 문제다. 중력은 물체와 중력장 안에서 활동하는 중력양자와의 작용에 발생 원인이 있다는 답을 얻는 문제라면 관성저항, 운동에너지, 원심력의 원인은 물체와 지구에 대해 정지된 중력장 간의 작용에 있다는 답을 얻는 문제다.

지구에 대해 정지된 중력장과의 작용에 따르는 현상을 다루는 문제는 뒤에 보도록 하고 우선은 중력양자의 활동에 따르는 현상을 다루는 문제의 해결부터 보도록 하자.

이상, 위에 제시한 8가지 근거들은 뉴턴이 발견한 만유인력이란 지구 중력이라는 가짜 힘이었다는 것을 말하는 것이며, 따라서 중력이라는 가짜 힘이 만유인력이라는 진짜 힘으로 변하게 된 이유는 우리 세계의 현상계성을 인식 못한 것으로 인한 가짜 힘의 실체화에 있었던 것임을 말하기 위한 것이다.

중력론이 가짜 힘의 실체화에 따르는 것이었다면 학술 면에서의 하자도 존재한다는 것이므로 학술면의 하자도 보도록 하자.

현 중력론의 학술적 오류

중력론 체제의 학술적 미흡점은 다음과 같이 말할 수 있다.

1. 뉴턴이 중력의 수학적 표현을 고심한 면을 보여주는 데에서 중력의 미적분을 말하지만, 중력의 미적분은 허구에 대한 헛된 노력이었으며, 그 노력의 결과가 힘의 작용면적 무시와, 힘의 작용방향 무시로 나왔는데, 그러한 것이 허용되는 역학이란 없다는 점.

2. 뉴턴의 중력론에서는 질량을 구할 방법이 없는데 질량을 구할 방법이 없는 상태 하에서 질량간의 작용을 말한다는 자체가 성립 될 수 없는 소리라는 점.

이 말의 의미를 알 수 있는 실제 예로 들어가 보기로 하자.

[60kg인 사람이 지표면에 서 있을 때, 지구와 사람 간의 결합에너지를 구하여라.]

이런 문제는 현재 $E = GMm / 2r$의 식에 대입하여, $E=(6.670×10^{-11})×(6×10^{24})×60/2×(6.4×10^{6})≒1.876×10^{9}$ J 이라는 답을 내는데, 이런 답을 내는 것 자체가 위에 말한 두 가지에 해당되는 것이어서 정상적인 것이 못 된다고 할 수 있다.

그 비정상성을 보도록 하자.

사람은 지구에 비하면 티끌만도 못한 존재다. 이런 작은 존재가 지구에서 차지하는 면적이 넓으면 얼마나 넓고, 대단하면 얼마나 대단하기에 지구 전 질량이 만유인력 상수 G를 매개로 사람에게 온통 매달려야 한단 말인가?

중력을 적분 처리하다보면 그런 결과가 나온다고는 하지만, 힘의 유효 작용 면적이나, 유효 작용 방향도 없이 바이러스 하나 붙은 것에 대해서 중력 상수 G를 매개로 지구 전 질량이 매달린다는 식으로 ($F = GMm / r^{2}$) 공식을 세운다는 것은 뉴턴이 마술사였다는 얘기다.

「지구야 너는 사람 바이러스 하나 붙이는 데에도 네 전 질량의 역량을 다 동원해야 하는 거냐? 사람이 그렇게도 존경의 대상이냐?」

「누가 그런 소리 하대?」

「뉴턴이 그러던데.」

「뉴턴이 그랬다고 하더라도 문제가 있다는 걸 알면서도 그냥 내버려두는 너희들의 학자라는 자들이 더 문제다. (중력론은 역학계의 독불장군인가? 그 독특한 자태를 수세기동안 고고히도 유지해오고 있다)요따위 소리나 해 가면서 중력론에 손 안 대려는 너희들의 학자라는 자들이 더 문제다.

상식적으로 생각을 해봐라 손끝으로 까닥하면 움직일 물체에다가 내 몸 전체를 걸겠는가를. 뉴턴이라는 놈이 돌아도 한참을 돌은 놈이지 내가 미쳤냐. 중력상수 G를 매개로 제발 끌려와 주십시오. 내 몸 전부를 걸고 애결하게? 너희들의 학자라는 놈들이 나쁜 놈들이지 F = G M m / r^2이 개소리임을 알면서도 귀찮다는 이유로 방치하는 놈들이 학자냐?」

그리고 또 하나의 문제. 사람의 몸무게 60kg은 중력의 작용이 있음으로써 나온 수치이므로, 중력의 작용을 논하는 문제는 이미 끝난 문제다. 따라서 60kg인 사람의 지구와의 결합에너지는 60kg이라는 것으로 끝낼 문제다. 그런 걸 결합에너지를 구한답시고 중력을 반복 적용시켜 가지고는 18억 7천 600만 주울 같은 엄청난 수치를 만들어 놓는다.

물론 중력을 반복 적용시킨 것이 아니라 사람의 질량 60kg에 적용시킨 것이라고 할 것이다. 하지만, 중력 적용 행위의 실제 모습은 사람의 몸무게 60kg이라는 2차원성 양을 질량이라는 3차원의 양 60kg으로 바꿔치기한 다음에, 즉 2차원성 양을 3차원의 양으로 둔갑시킨 다음에, 거기에 중력을 반복 적용시켜 엄청난 수치로 부풀려 놓은 것이다.

2차원성 양을 3차원의 양으로 바꿔치기해도 괜찮은 것은 오직 중력론 하에서의 일이다. 기체압력이 60kg이라고 기체의 양 60kg을 말하면 미친 놈 지랄하고 자빠졌네 대상이다. 액체압력이 60kg이라고 액체의 양 60kg을 말하면 돌은 놈 둔갑하고 자빠졌네 대상이다.

그럼에도 중력론 체제에만 들어섰다 하면 중력압인 60kg이라는 2차원의 양, 가짜 양을 질량이라는 3차원의 양 60kg으로 둔갑시키는 데 조금도 주저함이 없다. 중력적 무게는 가짜이기 때문에 3차원의 양이 아니다. 그런데 이 가짜를 대하는 데에서 다른 경우는 2차원의 양을 3차원의 양으로 둔갑시키면 둔갑시켰다고 난리가 나는데도 중력론 체제에만 들어섰다 하면 2차원의 양을 3차원의 양으로 둔갑시키는 미친 짓도 보이지 않는다.

그놈의 눈깔은 뭔 놈의 눈깔인지는 몰라도 중력적 무게라는 가짜 무게를 질량이라는 3차원의 양으로 둔갑시키는 쪽만 본다.

그리고는 여기에 중력적 작용을 반복 적용시켜 놓고는 사람들을 18억 7천 6백만 주울의 결합 에너지를 이겨내는 수퍼맨적인 존재로 만들어 놓는다. 이런 형태는 마술 형태다.

현 중력론을 마술 형태의 역학이라고 하는 점의 의미는 만유인력적 상호작용을 논하는 행위 자체의 원인 무효에 있다. 원인 무효의 의미는 현 중력론에는 2차원의 양을 3차원의 양으로 둔갑시키는 방법 외에는 질량을 말할 수 있는 근거가 되는 게 없다는 점에 있다. 다시 말해 질량을 구할 수 없는 데에서 질량간의 작용을 말한다는 자체가 말이 안 된다는 것이다,

중력적 무게라는 2차원의 양을 질량이라는 3차원의 양으로 둔갑시킨 다음에 그 둔갑된 질량끼리의 인력을 구해낸 수치가 지금의 만유인력 상수 G인데, 그 수치가 만유인력이라는 힘의 상호작용 결과인 것으로 말하기에는 만유인력의 원천인 질량이 둔갑술의 소산이라는 원인 무효가 존재함이 생각되어야 하는 문제라는 얘기다. 뉴턴 시절에 양자역학 개념이 확립되어 있어서 역학은 양자에 근거해야 한다는 개념이 확립되어 있었다면 가짜인 중력적 무게를 질량이라는 3차원의 양으로 둔갑시키는 행위의 모순성은 금방 들통 났을 것이고, 뉴턴 자신도 하지 않았을 것이다.

이상, 중력론 모순성 지적 문제는 끝내도록 하고 다음 단계로 중력, 기조력, 운동에너지 발생 설명을 위한 방법이 어떠한 형태이어야 하겠는가의 문제를 생각해 보도록 하자.

만유인력과 같은 우리 세계의 현상계 성을 인식하지 못한 것에 의한 비실체의 실체화에서 추출된 개념의 해악성이 심각한 것이었다는 것이 인식될 수 있는 문제라면 이것은 역으로 비 실체와 실체의 구분 안목으로부터 풀지 못했던 의문을 풀 수 있는 방법이 나온다는 의미다,

겉으로 나타나는 비 실체에 대한 원인이 되는 존재의 추적은 실체에 대한 추적이다. 그런데 실체는 전자기력밖에 없다는 점이 실체를 찾는 문제에서 당혹감을 자아내게 하는 사항이다. 실체를 찾는 문제에서 당면하는 국면은 실체는 전자기력 밖에 없다고 하는 사실이다.

이는 모든 현상은 전자기력에 의한다는 것으로 결론 내릴 수밖에 없게 하는 사항이다. 즉 중력, 관성력, 기조력도 전자기 현상의 하나로 판단할 문제라는 얘기다. 하지만 현 전자기론으로는 해결될 문제가 아니라면 현 전자기론 초월 형태의 전자기론 성사를 보아야 한다는 의미다.

따라서 현 전자기론 초월 형태의 전자기론 마련을 염두에 두어야 하는 문제에서 공간 척력으로 설명될 필요가 있는 중력의 경우, 바탕에 깔려 있어야 하는 고려 사항은 중력양자의 출처 문제다.

중력 규명 문제는 중력장 내에서 활동하는 것으로 여겨지는 중력양자가 어디에서 나온 것이냐를 가리는 문제가 큰 비중을 차지할 수밖에 없는데, 지구 주위 공간으로부터 자체 생산되는 중력양자 개념은 채택되기 어렵다고 한다면 채택될 수 있는 모형은 외부로부터 공급되는 중력양자 모형이다.

즉 외부에서 공급되는 중력 양자에 의해 중력이 나타나게 된다는 것이다.

지구가 창조주급 존재도 아니고, 따라서 지구에서 자체 생산하는 중력양자 개념의 성립은 무리인 것에 따라서 외부에서 공급되는 중력양자에 의하는 지구 중력이라는 개념의 성립을 보아야만 하는 상태라면, 중력양자의 정체가 전기력이라고 할 경우, 계속되는 전기력의 공급원으로는 태양이 언급될 수 있는 문제다. 즉 태양이 전기력을 공급해주기 때문에 지구 주위의 공간이 중력을 나타낼 수 있다는 것이다.

태양이 에너지를 공급해주기 때문에 식물이 광합성을 하고 동물이 식물을 취하는 것으로 생태계가 유지되고 있는 것과 같이 생태계 이외의 문제도 현상 발생에 필요로 되는 전기력의 공급원은 태양이라는 문제를 염두에 두어야 한다는 것이며, 이 점이 중력 문제를 생각하는 데에서 바탕에 깔려있어야 하는 사고 형태로 말할 수 있다.

그러면 계속 공급되는 전기력이 있다는 관점 하에서 중력 발생 문제는 어떻게 설명되어야 할 것인가를 생각해 보도록 하자.

앞에 말한 자유낙하 운동이 지구에 대해 직선체제라는 점에서 추출해낼 수 있는 중력장의 존재 모형이 지구에 대한 정지라면 정지된 중력장으로부터 중력이라는 만들어지는 힘이 나올 수 있는 조건은 정지된 중력장 안에서 활동하는 중력양자라는 모양이 되어야 한다.

그런데 중력장은 물체를 투과하는 투과성을 보이므로 중력장을 이룰 수 있는 존재의 조건은 투과성이 있는 장을 이루는 형태의 힘이어야 한다는 것이다. 투과성이 있는 장을 이루는 형태의 힘은 자기이므로 여기서 중력장을 형성하는 존재는 자기이어야 한다는 것이 추출된다.

자기는 지구 자체에서 생산하고 있다는 것은 이미 알고 있는 사실이므로 자기 공급원은 지구라는 것으로 자기 공급원 문제는 해결될 수 있다. 여기서 자기장이 형성되어 있으면 그 안의 전기입자는 가속운동 된다는 것은 이미 알고 있는 사실이라고 할 때. 중력양자란 바로 태양으로부터 공급되는 전기력이라고 한다면, 물체에 중력적 무게가 나타나게 되는 작용이란 자기장 속에서 가속 상태로 움직이는 태양으로부터 공급되는 전기력이 원자 주위를 둘러싸고 있는 전자 구름대와의 충돌이라는 것이 되는 것이다.

극성 잡힌 지구 자기장 내에서 가속 운동하는 태양으로부터 공급되는 전기력의 물체(원자) 외곽 전기와의 충돌 현상이 바로 중력 발생의 원인이라는 것이다.

태양으로부터 공급되는 전기 알맹이의 크기는 원자 구름대를 이루는 전기 알맹이 보다는 커서 원자 구름대를 이루는 전기 막을 통과하지 못하고 구름대와 충돌하게 됨으로써 원자가 자기 극성 방향으로 밀려나는 모습이 중력이라는 겉보기적 인력이라는 것인데, 이러한 방법의 중력 규명이어야만이 중력이 존재 함에도 원자 내부는 중력의 영향을 받지 않는 현상에 대한 설명이 가능한 것이다.

지구 내부의 물체는 지구 주위를 둘러싸고 있는 전기 구름대의 보호를 받는 한 지구 외부의 힘(예를 들면 태양 주위를 공전하도록 공간으로부터 지구 주위 전기 구름대에 가해지는 힘)으로부터 자유로운 문제이듯이 원자 내부는 원자를 보호하고 있는 원자구름대의 보호를 받는 한, 원자 외부의 힘으로부터 자유로울 수 있다는 것이다.

원자 내부의 전자가 중력의 영향을 받는다면 원자 내부의 전자 운동은 자유롭지 못했을 것이다. 그러나 중력이란 만유인력이라는 진짜 힘이 아니라 원자를 보호하고 있는 전기 구름대 외부에서의 전기력 충돌 현상이기 때문에 원자 구름대 내부는 중력의 영향을 받지 않는 일이 가능한 것으로 말할 수 있는 것이다.

지구 내부의 물체가 지구 외부의 힘에 노출되지 않고 보호되는 원리가 지구 주위를 둘러싸고 있는 전기 구름대라는 보호막에 있는 것과 마찬가지 상황이 원자 내부 세계에도 적용된다고 보아야 중력에 영향을 받지 않는 원자 내부라는 문제의 해결을 볼 수 있는 것이다.

이 같은 중력 발생 메커니즘에 따른다면 중력이 나타나게 되는 주원인은 전기력에 있으며, 자기력은 가속도가 붙도록 하는 보조수단이라는 것이 된다. 그리고 자기의 극성을 바꾸는 것으로 중력 방향을 바꿀 수 있다는 것인데, 하지만 자석을 가지고 놀아봐야 중력 방향을 바꾸지 못하는 것이 현 수준이라면, 현 자기론 초월형태의 자기 모형을 추구할 필요가 있다는 얘기다.

자기론 재고의 필요성

현 자기론 초월형태의 자기 모형 추구 문제에서 기초가 되어 있어야 하는 사항은 역시 우리의 세계 현상계 성 인식이다.

위의 글을 통해 보아온 것은 우리 세계의 현상계성을 인식 못한 수준에서 추출한 개념의 해악성이 얼마나 심각한 수준이었는가에 대한 파악이었다.

존재하지도 않는 힘을 존재하는 것으로 만들어 놓고는 그 수렁에 빠져 수 세기동안 헤매고 있는 모습이 중력론 체제였다는 것을 인식할 수 있는 문제였는데, 이러한 모습은 자기론이라 해서 다를 것 없을 것이라고 하는 안목을 열어주는 단서가 우리 세계의 현상계 성 인식인 것이다.

현 자기론도 양자역학 이전의 관점이었던 만큼 겉보기적 관찰에서 추출한 개념 수준이었으리라는 파악이 선다면 현 자기론 초월 형태의 자기모형 추출 문제는 중력 문제를 해결할 때 모양으로 겉으로 나타나는 것은 어디까지나 현상이기 때문에 가짜라는 점의 인식을 바탕에 깔고 다가서야 한다는 방법을 얻을 수 있다.

겉으로 나타나는 것은 어디까지나 가짜로 취급해야 한다는 점이 뜻하는 바는 다음과 같다. 자석이 인력 또는 척력을 나타낸다고 해서 자기라는 자체가 인력이다 또는 척력이다 로 파악하는 형태는 중력을 만유인력이라는 형태로 파악하는 것과 똑같은 형태라는 것이다.

중력의 원인이 어디에 있는 것인가를 다루지 못하고 다만 인력으로 알고 있었던 것과 똑같이 자기적 인, 척력의 원인이 어디에 있는 것인가를 다루지 못한 채 다만 자기는 인, 척력인 것으로 인식하는 모순을 범하게 된다는 것이다. 이 말의 의미가 인식이 안 되는가?

그렇다면 다음의 보완 설명을 보도록 하자. 중력이라는 인력은 현상이기 때문에 중력양자라는 원인을 필요로 하는 문제라면 그와 똑같이 자기에서도 인력, 척력이라는 자체는 현상이기 때문에 현상의 원인이 되는 존재로 무엇인가의 양자를 필요로 한다는 것이다.

종래의 자기 개념은 우리 세계가 현상계라는 개념이 없는 상태였기 때문에 자기 자체가 공간 초월적 인, 척력이라는 개념이 먹혀들어갈 수 있었고 따라서 자기에 대한 공간 초월적 상호작용 개념이 먹혀들어갈 수 있었지만, 우리 세계는 현상계라는 개념 하에서는 중력이 공간 초월 만유인력이라는 개념이 먹혀들어갈 수 없는 것과 같이 자기 자체가 공간 초월 인, 척력이라는 개념은 먹혀들어갈 수가 없고, 따라서 자기적 인, 척력이라는 겉으로 나타나는 현상을 나타내는 원인이 되는 존재는 자석 주변의 공간에서 찾아야 한다는 것이다.

그렇다면 자기적 인, 척력 현상의 원인이 되는 공간 존재는 어떠한 존재이어야 하겠는가? 중력이 중력양자를 필요로 하는 문제라면 자기적 인, 척력에서는 어떠한 양자를 필요로 하는 문제이겠는가?

같은 극간에 반발하고 다른 극간에 흡인하는 겉보기적 자기모습을 그대로 자기의 기본체제로 하다가는 만유인력과 같은 엉뚱한 힘을 자기의 실체로 인식하는 실수를 범한다는 우리 세계의 현상계 성 인식의 궁극은 양자역학화이고, 자기라고 해서 양자역학화의 대상에서 예외일 수 없다면 자기를 다루는 방법은 자기양자를 다루는 방법밖에 없다는 결론에 이른다.

그런데 자기양자 개념은 생소한 개념이듯이 현 과학은 자기를 다루는 데에서 양자역학화 할 필요를 못 느끼고 있는데 이런 문제는 미흡한 관점의 소치로 돌린다고 할 때, 자기 양자 설정 문제는 물체자기 양자와 공간자기 양자라는 설정을 보아야 하는 문제로 말할 수 있다.

물체자기 양자란 물체에 존재하는 N, S 극성 자기를 의미하고, 공간자기 양자란 자석 주위에서 장을 형성하는 자기를 의미한다. 그런데 자기장은 회전한다는 것이 이미 알려진 바에 따르면 공간자기 양자는 물체의 N, S 극 성자기 양자를 중심으로 하여 회전하는 존재라는 점을 말할 수 있게 되는데, 이에 따르면 물체의 N, S 극성자기 양자의 기능은 공간자기 양자를 운동 시키는 기능인 것으로 말할 수 있게 되고, 운동됨으로써 자기장을 형성하는 공간자기 양자의 종류에는 S 방향 양자와 N 방향 양자가 있다는 것으로 말할 수 있는 문제다.

여기서 물체의 N, S 극성자기 양자의 존재 상황은 다음과 같을 것으로 여겨진다. 극과 극이다 하면 같지 않다는 것이고 같지 않다면 분리가 있을 것은 자연스러운 문제이므로 물체의 N S 극성자기 양자는 외부의 힘이 가해지지 않아도 유유상종 체제에 의해 극성 분리가 저절로 이루어진다.

그리고 공간자기 양자의 성질 고찰 문제에서 공간자기 양자 자체는 인력, 척력이 아니라는 설정 하이어야 공간자기 양자의 운동이 나타내는 결과가 인력, 척력이라는 현상이라는 설명이 가능한 것이기 때문에 공간자기 양자 자체는 인력, 척력이 아니라는 설정은 위에 말한바 필수다.

자기에 대한 이러한 필요로 되는 설정들이 옳은 형태인가는 실제 현상과의 비교에서 가려질 수 있는 문제다. 그렇다면 자석에서 나타나는 실제 현상과의 비교 문제로 들어가 보도록 하자.

현 자기론은 S→ N 방향으로 움직이는 자기장을 말하는 상태인데, 자기장이 일방통행이라면 자석이 왜 저절로 움직이지 않느냐가 설명 안 되고 철가루가 왜 저절로 움직이지 않느냐가 설명 안 되는 문제가 존재한다.

자기장의 이동이 일방통행이라면 철가루가 움직여 한쪽으로 몰려야 하고 또한 자석 자체도 움직여야 하는데 이러한 현상이 없다는 것은 자기장의 이동은 한 방향이 아니라는 의미다.

자기장의 이동이 일방성이라면 있어야 할 현상이 없다는 것은 현 과학이 모르는 반대방향이 있다는 것을 의미한다. 현 과학이 검출해 내지 못한 N → S 방향의 이동이 있음을 의미한다.

반대 방향의 움직임이 있는 것이 사실이라면 그에 따르는 현상이 있을 것이고 그 현상을 지적해내면 자석 주위의 자기장은 쌍방향 움직임이라는 것이 증명되는 것으로 말할 수 있는데, 영구자석에서의 공간자기의 양 방향성 운동이 나타내는 현상이란 바로 자석이 보이는 공간 초월 형태의 인, 척력 현상인 것이다.

공간자기의 양 방향성 운동이 나타내는 현상이 곧 자석이 보이는 인, 척력 현상이라면, 인, 척력 발생 메커니즘은 다음과 같은 것임을 말할 수 있다. 공간 자기의 움직임이 서로 충돌 상태를 이루면 반발력을 나타내고 같은 방향의 움직임이면 흡인력을 나타낸다는 것으로, 이 같은 자석간의 인, 척력 발생 메커니즘 제시는 자기 자체가 인, 척력인 것으로 인식하는 수준에서 탈출했음을 의미하는 것이며, 자기 취급 문제에서 인, 척력적 상호작용이라는 굴레로부터의 탈출을 의미하는 것이다.

자기 취급 문제에서 인, 척력적 상호작용이라는 굴레를 벗어던질 수 있는 상태라는 말의 의미는 중력 취급 문제에서 만유인력적 상호작용이라는 굴레를 벗어던질 수 있다는 말과 같은 말이 되는 것으로서 인, 척력을 수반하지 않는 자기의 활동을 다룰 수 있다는 것이 되는 것이고, 인, 척력을 수반하지 않는 자기의 활동을 다루는 형태의 하나가 삼상전동기에서의 회전 자계인 것으로 말할 수 있다.

이렇게 자기는 원칙적으로 인, 척력이 아니라는 개념의 성립을 볼 수 있을 때, 인, 척력 현상을 수반함으로써 인, 척력이라는 오해를 일으키게 한 영구자석이나 전자석은 자기 양자 구성에서 특별한 상황이 이루어진 물체임을 의미한다. 특별한 상황이란 N, S 극성자기 양자의 유유상종 체제에 의한 극성 편중 현상이다.

극에 편중된 장의 밀집도를 눈으로 보면서도 자석이란 극성 편중이 이루어진 물체임을 감지 못하는 눈은 동태 눈깔이라는 점은 차치하고, 자석이란 극성 편중이 이루어진 물체라는 점을 증명할 수 있는 현상이 바로 자석이 끊어지면 도로 제자리에 붙지 않는 현상이다.

영구자석은 가로, 세로로 끊어져도 똑같은 극성을 띤 분리된 자석이 되기 때문에 영구자석은 미세자석이 다른 극끼리 맞보고 일렬종대로 늘어서 있는 물체라고 보는 것이 현재의 관점인데, 이러한 관점에 따른다면 자석이 끊어지면 끊어진 자리가 도로 붙어야 한다.

그러나 실제로는 밀어내는 현상을 보이는 데에서 영구자석에서의 자기 구성에 대한 현 관점은 잘못된 것이라는 점을 인식할 수 있는 문제인데, 이러한 사항의 인식은 영구자석에서의 자기 구성에 대한 재평가가 요구되는 것이고 이 요구에 대한 답은 영구자석이 끊어지면 끊어진 자리가 도로 붙지 않는 이유 추구 문제에서 N S 극성 자기의 유유상종체제로 답이 나온다는 얘기다.

영구자석이란 N S 극성자기의 유유상종 체제에 의한 극성 분리가 이루어진 물체라는 개념 하에서만이 끊어진 자리가 도로 붙지 않는 이상한 물체인 이유가 N, S 극성자기의 유유상종 체제에 의한 극성 분리에 있다는 답이 나오는 문제라는 얘기다.

　극성 분리에 의한 끊어진 자리의 배척 메커니즘은 다음과 같이 말할 수 있다. 자석이 끊어지면 물체의 N, S 극성 자기는 같은 극끼리 몰리는 극성 편중 현상이 발생되는데, 극성 편중 현상이 발생되면 끊어진 바로 그 자리는 다른 극의 물체 자기가 위치하게 되는 바람에 다른 극이라는 물체 자기 간의 이질감에 의해 밀어내게 된다는 것.

　물체는 물체대로 N S 극성자기 양자가 존재하고(극성자기 양자는 중성자인 것으로 판단됨), 공간은 공간대로 N 방향 양자, S 방향 양자가 따로따로 존재한다는 모형은 우리 세계의 현상계성이 요구하는 모형이기 때문에 어찌할 수 없는 슬픔(?)이고 이 슬픔은 전기론 수정 문제에도 마찬가지로 적용된다.

전기론 수정의 필요성

　전기 자체가 인력, 척력인 것으로 알고 있는 현 전기 개념 역시 겉보기적 관점에서 추출된 개념이므로 수정을 보아야 하는데, 실제에서 접하는 1. 전기 입자의 존재성과, 2 전기장의 존재성이라는 양면 문제는 전기 역시 다루어져야 할 방법은 물체전기 양자와, 공간에서 장을 이루는 공간전기 양자로 다룰 문제임을 의미한다.

　같은 극은 반발적으로 작용하고, 다른 극은 흡인적으로 작용하는 현재의 전기적 상호작용론에 의하면 같은 극의 전기가 모여 있는 물체인 축전지 같은 물체는 존재할 수 없다는 것이 된다.

라이덴병의 금속박이 벌어지는 것을 근거로 같은 극은 반발하고 다른 극은 흡인한다는 현재의 전기적 작용 개념을 대하는 데에서 실소를 자아내게 하는 하자는 원인 무시에 있다.

대전이라는 자체는 같은 극의 전기가 모여 있다는 것인데, 같은 극의 전기가 반발하는데 어떻게 같은 극의 전기가 모일 수 있겠는가와 같은 원인 무시 문제가 제기 된다면 현 전기론은 겉보기 적 현상 위주 개념의 산물이었다는 점을 말할 수 있는 것이다.

입자와 장이라는 전기 존재상의 양면성에 의한 물체와 공간으로 나누어 다룰 필요가 있다는 점의 인식은 같은 극은 반발하고 다른 극은 흡인한다는 현재의 전기적 상호 작용 개념은 출처가 물체 전기가 아닌 공간 전기였다는 점을 인식할 수 있는 문제가 됨에 따라 전기 역시 물체의 +, - 극성전기 양자와, 공간의 → +전기양자, (+ 극 방향 전기양자) → - 전기양자, (- 극 방향 전기양자) 존재의 설정을 요하는 문제임을 말할 수 있다.

이 들 존재의 설정을 본 상태에서 이 들 존재가 활동함으로써 나타내는 결과가 우리가 인식하는 전기적 인력, 척력 현상이라는 형태를 취해야 한다는 것이다.

이렇게 전기적 인력, 척력이라는 자체는 양자의 운동이 만들어내는 하나의 현상일 뿐, 전기 자체가 인력, 또는 척력이 아니라는 점의 인식이 말해주는 또 하나의 사실은 기본 4력의 하나로 말해지는 강력은 존재하지 않은 힘이라고 하는 사실이다. 강력이 존재하지 않는 힘이 되는 이유는 같은 극은 반발한다고 하는 전기적 상호작용 개념이 강력 개념의 원천이기 때문이다.

강력의 비 존재성 문제는 다음과 같이 말할 수 있다. 같은 극의 전기는 반발하기 때문에 반발력을 이겨내기 위한 강력의 존재가 왜 하필 원자핵에만 존재하느냐, 축전이 이루어지는 은박지나 납판에는 왜 존재하지 않느냐의 문제에 걸리면 원자핵에 존재하는 강력 언급 체제의 단편성이 지적될 수 있다는 것이다. 원자핵에 존재하는 강력 언급 논리로 은박지나 납판에 존재해야 하는 초강력을 언급 못한다는 것은 말이 안 된다는 얘기.

이와 같이 강력 개념은 잘 못된 전기적 상호작용 개념이 만들어낸 허구라는 점이 인식될 때, 현 과학이 기초로 하고 있는 4가지 기본력의 상호작용론 체제는 제대로 된 게 없다는 것이 된다.

만유인력적 상호작용 개념이나 전자기적 상호작용 개념은 겉보기적인 것인 현상의 실체화에서 나온 것으로 우리 세계의 현상계성 인식 미비에서 나온 개념이고, 강력적 상호작용 개념이나 약력적 상호작용 개념은 현상계 성 인식 미비에서 나온 개념이 만들어낸 또 하나의 허구라는 점이 인식되는 문제라면 현재의 4가지 기본력 체제는 도깨비 체제라는 점이 인식될 문제다.

앞에 말한 바, 중력의 원인은 태양으로부터 공급되는 전기력이고, 전기력의 전체적인 모양이 달에 대해 땅콩 껍질 모양이 되는 것이 기조력 현상의 원인이라면 전기력의 전체적인 모양이 달에 대해 땅콩 껍질 모양이 되는 원인을 말하는 것이 기조력 현상을 설명할 방법인데, 지구 주위 전기력의 전체적인 모양이 달에 대해 땅콩 모양이 되는 원인은 지구를 둘러싸고 있는 전기 구름대의 모양이 공간 전기에 의해 압박받는데 있는 것이라 할 수 있다.

지구가 대전체이듯이 달도 대전체이기 때문에 지구와 달 사이에 일어나는 정전기 유도 현상이 기조력의 원인이라고 할 수 있는데, 정전기 유도 현상 발생상에 지구 주위의 전기 구름대라는 보호막이 없다면 지구 내부 물체는 라이덴병의 금속박 같이 대전이라는 영향을 받겠지만, 보호막이 있는 덕분에 지구 외부에서의 공간 전기력의 영향을 직접 받지 않고 기조력 현상으로 대신하는 것으로 이해할 일이라는 것.

다음으로 운동에너지를 다루는 바탕 마련을 위한 조치로 운동에너지 관련 문제 고찰을 먼저 보도록 하자.

지구에 대해 정지된 공간 힘이라는 점은 어떤 방향의 운동이던 저항이 걸리도록 하는 상황이기 때문에 저항만큼의 외력 공급이 없는 한 운동은 결국 멈춘다. 그것을 알 수 있는 예가 팽이의 회전이다.

외력의 출입이 없는 한, 한번 운동된 물체는 영구 운동한다는 관성의 법칙에 따른다면 이를테면 팽이의 회전에서 저항이 무시될 정도로 작다면 영구운동에 가까운 모습을 보였어야 했다. 그러나 팽이의 실제 회전은 얼마 가지 못하는데 그 이유는 팽이의 회전 자체가 지구에 대해 정지된 공간 힘을 거스르는 운동이기 때문이다.

이와 같이 지구상의 물체는 지구에 대해 정지된 공간 힘 때문에 영구운동이 불가능한데, 하지만 공간 힘을 거스르는 데에서의 저항은 운동에너지에 비해 크게 작다는 사실을 인식할 필요가 있는 것이다.

임의의 속도의 팽이가 예를 들어 10분 회전할 수 있다면 팽이에 걸리는 공간 힘으로부터의 저항의 크기는 팽이의 운동에너지보다 10분의 양만큼 작다는 것이다.

그러면 운동에너지가 공간 힘의 저항보다 큰 이유는 어디에 있는 것일까? 이러한 설명을 위해 인식 되어 있어야 할 사항은 관성적 질량과 중력적 질량의 차이다. 관성적 질량은 운동에너지라는 가짜 힘을 만들어내는 원인이 되는 존재이고, 중력적 질량은 중력양자에 의해 만들어진 결과로서 존재가 가짜인데, 문제는 이 진짜와 가짜 사이에는 양적으로 얼마의 차이를 가지는 가다.

진짜와 가짜 사이의 양 차이를 가리는 문제란 다음을 의미한다. 지구 환경은 중력장에 의해 관성적 질량이 중력적 질량을 나타내도록 되어있는 것에 따라서 지구상에서의 운동에는 중력적 질량에 따르는 저항이 걸리도록 되어있는 상태인데, 운동 상에서 관성적 질량에 걸려 있는 중력적 질량을 초과한 상태라면(즉 운동 초기에는 중력장에 의해 관성적 질량에 걸려있는 중력적 질량을 이겨내기 위한 저항만이 걸린다는 얘기) 그 뒤로는 어떤 원인에 의해 운동에너지가 나타나는 것이 이를테면 팽이가 10분 회전 할 수 있을 정도로 커지는가의 문제가 설명될 필요가 있는 데에서, 커지는 원인에 대한 근거가 필요하다는 것이다.

정지된 공간 힘으로부터의 계속되는 저항에 의거 외력 공급이 없으면 결국 멈추는 운동이지만 그런 가운데에서도 외력이 주어지면 운동에너지는 속도가 증가할수록 점점 커지는 것이 의미하는 바는 주어지는 외력의 크기가 운동에 걸리는 작은 크기의 저항을 이겨낼 수 있는 정도라면 운동에너지가 발생되는 원리에는 속도 증가에 따라 커지게 되는 원리가 있다는 것이므로 그 원리를 지적해내면 되는 데에서 원리에 대한 근거가 필요하다는 것인데, 운동에너지가 속도 증가에 따라 커지는 원리 설명을 위해서는 관성적 질량은 중력적 질량의 2배라는 점의 이해가 바탕 되어 있어야 한다는 점을 말할 수 있는 것이다.

현재는 관성적 질량과 중력적 질량을 1: 1 로 인식하고 있으나 관성적 질량은 중력적 질량의 2배라는 점이 밑바탕 되어 있어야 운동량이 F = m v 로 나타나는 점의 설명이 가능하다는 점을 이해할 필요가 있는 것이다.

관성적 질량이 중력적 질량의 2배라는 것을 말해주는 몇 가지 증거들을 보도록 하자.

관성적 질량이 중력적 질량의 2배인 증거가 되는 현상들

지구중력은 초당 9.8 m의 가속능력을 보이는데, 이 가속 능력을 해석하는 데에서 관성적 질량과 중력적 질량에는 2배의 차이가 있다는 것이 말해질 수 있다. 중력에 의한 자유낙하 운동에서 처음 1초 동안은 4.9m였다가 다음부터는 9.8m로 나타난다는 것은 처음 1초 동안은 물체가 가지고 있는 정지상의 관성력 즉 관성적 질량을 이겨내는 과정이었다는 것으로 말할 수 있다.

중력에 의한 운동이 정지상의 관성력을 이겨내는 과정을 필요로 한다는 자체가 관성적 질량이 중력적 질량보다 크다는 것이다. 그런데 이겨내는 과정의 속도가 정상적인 중력 가속도의 절반이라는 것은 관성적 질량이 중력적 질량의 2배라는 의미다.

관성적 질량이 중력적 질량의 2배라는 증거는 탄성운동에서도 찾을 수 있다. 완전 탄성체라면 영구 탄성 상하 운동을 할 수 있다고 할 때, 영구 완전 탄성 운동이 이루어질 수 있는 조건은 관성적 질량이 중력적 질량의 2배이어야 한다는 점이다. 그 이유는 물체가 중력을 거슬러 올라가면 중력적 질량이 증가하는 것이기 때문이다.

완전 탄성체라는 것은 자유낙하 시 지면과의 충격량이 100% 운동량으로 바뀌는 물체를 말하는데, 자유낙하 할 때, 무게가 0인 상태로 낙하하는 물체로부터 나오는 충격량이 중력을 거슬러 올라갈 때 중력적 질량이 늘어나는데도 물체를 다시 원위치로 복귀시킬 조건은 관성적 질량이 중력적 질량의 2배이어야 한다.

관성적 질량이 중력적 질량의 2배이어야 한다는 것은 진자 운동을 통해서도 말할 수 있다. 진자 운동이라는 것은 자유낙하와 중력을 거슬러 올라가는 운동을 반복하는 운동이다. 그런데 자유낙하 운동은 중력적 질량이 0이 되게 하는 운동이고, 중력을 거슬러 올라가는 운동은 중력적 질량이 늘어나게 하는 운동이다.

중력적 무게가 0인 상태로 운동하는 물체의 운동에너지가 중력적 질량이 늘어나는 운동을 원상복귀 시킬 조건은 관성적 질량은 중력적 질량의 2배이어야 한다는 것이다.

물체가 자유낙하 할 때의 + 가속도 상태나, 올라갈 때 − 가속도 상태나 가속도 변화율은 각 위치마다 똑같고, 가속도 변화율이 똑 같은 상태에서 한 쪽은 중력적 질량이 0이고, 한쪽은 중력적 질량이 증가하는 상태에서의 운동이 소위 역학적 에너지 보존이라고 말해지는 현상을 만족시킬 조건은 관성적 질량이 중력적 질량의 2배다.

이상, 몇 가지 예를 통해 관성적 질량이 중력적 질량의 2배라는 점을 보았는데, 관성적 질량의 중력적 질량 2배 문제 언급의 의의는 큰 관성적 질량 때문에 중력적 질량을 이겨냄이라는 상황을 만들 수 있음을 말하기 위한데 있는 것이다.

관성적 질량은 중력적 질량의 2배이기 때문에 시간이 걸리지만 중력적 질량을 이겨내는 모양을 보일 수 있는 것이고, 이겨내기만 하면 그 다음부터는 운동에너지라고 하는 중력적 질량의 2배 상태의 가짜 무게 생산체제가 될 수 있음을 말하려는데 있다.

관성적 질량이 외부 요인에 의해 만들어진 각종 가짜 질량, (즉 공기 저항, 마찰 저항 중력장에 의한 저항 등의 가짜 무게)보다 작은 상황이라면 운동에너지는 기대할 수 없다. 즉 솜털 같이 가벼운 물체에서 무거운 가짜 무게가 나오기를 기대 할 수는 없다.

그러나 무거운 물체에서는 무거운 가짜 무게 기대가 가능한데, 무거운 진짜 무게에서는 무거운 가짜 무게 기대가 가능하다는 것을 보여주는 쉬운 예가 골프공과 탁구공의 비거리 차이다.

같은 조건의 힘을 주었다 하더라도 골프공이 탁구공 보다 멀리 날아가는 데에서 운동에너지라는 가짜 무게 발생량은 주어지는 외력의 크기 문제가 아니라 운동하는 물체의 질량이라는 진짜 무게의 양에 딸린 문제라는 것을 말할 수 있는 것이다.

이 같은 운동에너지 발생 상태를 이해하는 데에서 중요시 할 점은 운동에너지 발생은 역적이 증가된 상태라는 점이다. 유압기구나 지렛대의 원리에서는 속도가 빨라지면 힘의 크기가 작아져 역적이 보존되는 상태이지만 운동에너지는 반대로 속도가 빨라지면 힘의 크기가 커지는 상태이므로 역적이 증가된 상태인 것이다.

그렇기 때문에 운동에너지를 영구기관의 동력화 할 수 있는 것인데, 지금까지의 과학은 운동에너지 발생을 역적 증가로 다루는데 미흡한 면모를 보여 왔다는 점을 알 필요가 있다. 그러한 예의 하나가 프로펠라 비행기가 뜨는 원인을 양력으로 설명하는 것으로 끝내고 만다는 점이다.

헬리콥터가 아닌 한, 비행기가 뜨는 것이 프로펠라의 추진력으로 뜬다고 생각한다면 오산이다. 비행기가 뜨는 것은 증가된 운동에너지 때문이다. 헬리콥터라고 해도 회전날개는 무거운 물체로 제작해야 운동에너지에 의한 양력이 생길 수 있는 것이다. 모형 헬리콥터 상에서의 불안정성은 운동에너지에 의하는 양력이 아니라 모터 회전력에 의한 양력인 것에 의한다.

프로펠라의 작은 추진력만으로는 비행기가 뜰 수 없는 가운데에서도 가속하면 뜨는데, 가속 시 뜬다는 것은 비행기가 뜨는 힘은 증가된 운동에너지라는 것이다. 운동에너지가 늘어났기 때문에 양력이 커질 수 있었던 것이다. 그리고 비행기의 최고 속도 상태는 프로펠라로부터 나오는 추진력의 크기보다도 큰 저항이 걸리는 상태인데 비행기의 최고 속도는 운동에너지 + 추진력 = 저항에서 정해지는 것이다.

비행기의 이러한 추진 상태가 말하는 것은 일단 운동에너지를 발생시키면 주어지는 힘이 작은 크기의 힘이라고 할지라도 큰 크기의 저항을 계속해서 이겨낼 수 있다는 것이다.

작은 크기의 힘이 주어져도 큰 크기의 저항을 계속 이겨낼 수 있는 운동이 운동에너지에 의하는 운동이기 때문에 운동에너지를 사용하면 영구기관이 가능할 수 있는 것이다.

운동에너지 발생의 원인

주어지는 외력이 비 전도력 힘인 한, 물체 운동 시 나타내는 운동에너지 문제는 전환으로 다루어질 문제가 아님은 전술한 바와 같다. 따라서 운동에너지 역시 별도 발생이라는 체제를 취해야 하는데, 별도 발생 체제를 취해야 한다면 원인이 되는 힘은 어떤 힘인가가 다루어져야 하는 데에서 존재하는 실체라고는 전자기력밖에 없기 때문에 운동에너지라는 가짜 힘 역시 전자기력이 내는 가짜무게의 일환으로 설명하는 수밖에는 방법이 없다.

가짜 힘이 만들어지기 위해서는 작용이 있어야 하고 작용이 있으려면 상대성이 있어야 하는데, 운동에너지 발생상에서의 상대성이란 공간과의 상대성이다.

그런데 앞에서 중력론 수정을 다루는 부분에서 지구에 대해 정지된 중력장의 존재 개념의 성립을 본 관계로, 물체 운동은 곧 정지된 중력장과 상대속도를 가지는 상황이라는 개념의 성립을 볼 수 있다.

따라서 운동에너지 발생의 원인은 지구에 대해 정지된 중력장 즉 극성 잡힌 자기장과의 교류에 원인이 있는 것이라는 개념의 추출을 볼 수 있는데, 극성 잡힌 자기장이라는 존재의 의미는 그 안에서 전기력이 가속 운동하고 있는 존재라는 의미이므로 물체의 극성 잡힌 자기장과의 교류란 곧 물체와 전자기력의 복합 교류라는 의미가 되는 것이다.

이러한 개념에 기초한다면 운동에너지 발생의 원리는 다음을 말할 수 있게 된다. 물체의 전자기와 공간의 전자기 사이에는 거시와 미시라는 차이가 있는 상태이기 때문에 물체 운동 상에서는 물체에 견인되는 공간 전자기라는 상황이 만들어진다. (공간 힘의 견인이라는 문제는 앞에서 잔여 관성력, 원심력 발생으로 언급된 문제다. 그리고 공간 힘의 견인 자체는 물체가 중력적 질량으로부터 해방되었음을 의미한다. 초기 운동 시 저항 일변도 부하만이 걸리는 것은 공간 힘의 물체에의 견인 상황을 만들기 위한 과정이었고, 견인이 완료된 상태에서는 운동에 따르는 에너지를 나타낼 수 있게 되는 것이 운동에너지 발생 메커니즘이다.)

따라서 공간 힘 입장에서는 견인됨으로써 강제적으로 분리되는 상태와 분리되는 것에 의하는 기존 질서 체제에 대한 교란 상태가 만들어지게 되는데, 기존 질서 체제에 대한 교란 상태는 물체에 견인된 전자기에 대해 자기적 추진력 상태가 유발되도록 하여(자기 부상 열차의 추진 원리를 이해하면 어렵지 않게 이해될 수 있는 개념임) 물체로 하여금 질량에 따르는 운동에너지를 나타내도록 하는 것으로 말할 수 있는 것이다.

따라서 운동에너지 발생의 원인은 공간 힘 사이에서 발생되는 자기적 추진력 발생 상태에 편승하는 물체의 관성적 질량에 있는 것임을 말할 수 있다.

물체에 견인되는 공간 전자기와 견인이 이루어지지 않은 전자기 사이에서 발생되는 자기적 추진력에 편승하는 물체의 관성적 질량의 이동 상황이 곧 운동에너지 발생 상황인 것으로 이해 할 필요가 있다는 얘기인데, 여기서 인식할 사항은 공간 에테르의 질량은 물체에 비해 작은 상태이기 때문에 물체가 이동되는 과정에 공간 힘으로부터 받는 저항은 작은 크기인 반면 운동하는 물체 자체의 질량은 큰 크기이기 때문에 운동에너지는 큰 크

기이고 그 모양이 이를테면 팽이의 10분 회전이라는 것이다,

따라서 운동에너지가 나타나는 상황은 물체에 걸리는 작은 크기의 저항을 이겨낼 수 있는 정도 크기의 외력이 주어지는 상태라면(주어지는 외력의 크기가 걸리는 저항보다 얼마나 더 큰 상태이던 그에 관계없이) 운동되는 물체의 관성적 질량의 크기에 따르는 운동에너지를 나타내는 것으로 이해할 필요가 있다. (주어지는 힘보다 큰 크기든, 작은 크기든, 운동되는 물체의 관성적 질량에 따르는 운동에너지로 이해할 필요가 있다는 것. 운동에너지 발생이 이러한 상황임을 말할 수 있는 예가 탁구공과 골프공의 비거리 차이다.)

이상, 물체에 견인되는 공간 힘과 견인되지 않은 공간 힘 간의 작용이 만들어내는 자기적 추진력 발생 상태에 편승하는 관성적 질량의 이동 속도가 곧 운동에너지의 양이라는 개념이 추출된 상태라면 운동에너지는 E = m v 로 계산되어야 함이 말해질 수 있다. 그런데 앞에서 관성적 질량은 중력적 질량의 2배인 것으로 언급한 바, 운동에너지는 중력적 질량을 기준으로 본다면 2 m v로 다루어져야 옳다.

그런데 관측되는 수치가 현 물리가 운동량으로 말하는 m v로 나타나는 이유는 상대방 물체가 가지는 중력적 질량을 극복해야 하는 문제 때문이다. 상대방 물체도 중력적 질량을 가지고 있기 때문에 상대방이 가진 중력적 질량을 이겨낸 결과는 m v로 나타날 수밖에 없는 것이다.

관성적 질량이 중력적 질량의 2배인 이유는 원자의 무게는 원자 보호막의 무게+원자 내부의 무게에 있는 것으로 생각할 수 있다. 각 원자는 원자 질량만큼의 전기 구름대를 보호막으로 수용하는 것으로 볼 때, 원자가 나타내는 무게는 중력 양자가 원자 외부에 가하는 압력의 2배인 것으로 말

할 수 있는 것이다.

이상, 영구기관이 가능할 논리적 근거 제시는 완료된 것이다. 제시한 논리적 근거를 요약하면 물체 운동에 주어진 힘의 비 소모 체제 제시와, 물체 운동이 나타내는 운동에너지 문제에 대한 개방계 체제의 제시다.

물체 운동에는 힘의 소모가 필요한 것이기 때문에 물체를 운동시켜 힘을 더 얻는 것은 무모한 생각이라는 지금까지의 사고방식이 잘못된 것이라는 점을 제시했고 모든 종류의 현상은 양자에 의해 만들어지는 것으로서 발생량은 가변량이라는 점을 제시 했다는 것.

남은 문제는 운동에너지 발생상의 가변량성과 일방성을 활용하는 방법을 말하는 기술상의 문제다, 기술상의 문제란 운동에너지 사용상에서의 상대성을 의미한다. 상대속도가 0인 상태에서는 운동에너지가 쓸모없는 상태이므로 상대성이 유지되는 상태에서 운동에너지가 사용될 수 있는 방법만 말한다면 운동에너지에 의하는 영구기관 문제는 끝난다.

02
영구기관 꾸미는 방법

운동을 정지된 지지대상에 의지하는 방법은 역적이 보존될 수밖에 없다. 그렇다면 정지된 지지대상에 의지하는 운동 상태를 벗어나야 역적 변경이 가능하다는 것이다.

따라서 지지기반이 이동될 수 있는 운동기구를 만들고 여기에 운동에너지의 일방성을 접목시킨다면 운동에너지의 가변량성에 의거 역적 증가 상태를 얻어낼 수 있음을 생각할 수 있는데, 이에 대해 생각해 보도록 하자.

운동에너지는 피동적 발생이기 때문에 운동에너지 발생에는 원동기를 필요로 한다. 그런데, 운동에너지의 발생 상태는 일방성이기 때문에 일방성이 형성된 상태가 운동에너지를 발생시키기 위해 주어지는 힘의 크기보다 큰 상태가 된다면 운동에너지 발생을 위해 주어지고 있는 힘의 반작용 성분을 끌어당겨 점점 가속되는 체제로 운동시킬 것을 생각할 수 있는 문제다.

그런데 반작용 성분을 끌어당기는 데에서 자기自己가 자기를 직접 끌어당기는 체제 즉 자신의 작용력으로 자신의 반작용력을 직접 끌어가도록 하

는 체제를 취하면 원동기가 부하를 받아 타버리므로 부하를 받지 않도록
하기 위해서는 원동기 자체는 주어진 정격 회전수를 유지하도록 할 필요가
있다. 그런 조건을 어떻게 효율적으로 만드느냐가 운동에너지 이용형 영구
기관의 관건이 되는 것이다.

일반적인 동력원은 압력이 작용, 반작용 상태로 나타나므로 운동기구를
꾸미는데 기어비에 차이를 두어 작용, 반작용 간에 크기 차이가 나게 하여
센 쪽이 약한 쪽을 끌어가는 형태로 운동되는 운동기구를 만드는 것은 어
려운 일이 아니다.

그런 구조의 운동기구를 만들고 그 안에 고압기체를 넣거나 태엽 같은
것을 감아 움직이도록 한다면 태엽의 풀림이나 고압기체 팽창이 끝나는 때
까지 지지기반이 이동되는 상태로 운동되는 모습을 보게 된다. 지지기반
이 이동되는 운동기구는 그 운동기구가 요하는 엔트로피 증가량만큼 엔
트로피가 증가하면서 주어진 동력원의 엔트로피 한계량까지 운동 된다는
것은 쉽게 생각될 수 있는 문제인데. 이런 운동기구에서의 엔트로피 증가
량은 곧 기어 비다.

그러면 기어 비에 차이를 두어 압력이 큰 쪽이 작은 쪽을 끌어가는 형태
로 운동되는 운동 기구를 꾸며냈다고 하자. 이 운동기구의 기어 비를 이를
테면 4대 3으로 잡았다고 하자.

기어 비가 4대 3이면 1차이이고, 1차이를 4를 기준으로 본다면 엔트로
피 증가율이 0333333라는 것이고, 4에 1의 힘이 주어졌을 때 3에서 나올
수 있는 힘의 크기가 1.333333 인 것에 의해 힘의 크기이도 0.333333 라
는 것이다.

그런데 이 운동기구가 운동되도록 하는 데에서 감겨있는 태엽이 풀리는 상태로 운동시킨다면 태엽시계의 운동이 끝나는 형태로 끝나는 것이겠지만 원동기의 회전 상태를 개입시킨다면 문제가 달라진다.

3크기의 기어가 4크기의 기어에 설치되어 있는 원동기에 의해 초당 60회전 하는 회전속도가 주어진다면, 이 운동기구는 3크기 기어의 힘이 4크기 기어의 약한 힘을 끌어가는 것에 의해 3크기 기어에 주어진 회전속도 초당 60회전에 맞는 가속회전을 하게 되는데, 이동되는 지지기반이 가속되는 속도는 0.33333 / 1 = 3 회전, 3 × 60 = 180 회전이 되고, 3크기의 기어는 그 안에서 돌아가는 상태이므로 240 회전하게 된다.

그런데 이 운동기구의 운동 상태는 가속된다고 해서 감력되는 것이 아니므로 비 감력 가속에 따르는 역적 증가를 보게 되는데, 역적의 증가치를 계산해 본다면 240 × 0.33333 = 80 해서 주어지는 역적 60보다 1,33333 배 중량된 것이라는 수치를 얻는다.

그런데 이 수치는 지지기반이 이동될 때 지지기반이 180도 회전하면서 내는 운동에너지가 견인되는 원동기 몸통에 작용되는 것을 고려하지 않았을 때의 경우다.

발생시킨 운동에너지를 잃어나가는 것은 발생시키는 부분에 주어지는 힘보다 큰 부하가 걸릴 때의 경우이고, 항상 작은 부하가 걸린다면 주어지는 힘이 낼 수 있는 가속의 한계치까지 가속되는 모양을 보이는데, 이 운동기구에서의 가속의 한계치는 초당 60 회전이 주어졌을 때 지지기반의 180도 회전이다.

180도 회전하는 상태에 질량이 큰 물체가 위치하도록 해서 운동에너지를 크게 한다면 힘이 약한 부분이 밀려나가는 상태는 기어 비에 의하는 힘의 크기 차이 0.333333 만이 아닌 180도 회전이 내는 운동에너지에 의해서 밀려나가는 상태가 되는 것이며, 이러한 운동 상태는 원동기로부터 주어지는 압력보다 더 큰 180도 회전이 내는 운동에너지 기반 위에서 운동되는 상태가 되는 것이다.

지지기반이 가속이 완료되기 전까지 걸리는 부하에 의해 원동기가 타는 상태라면 지지기반의 운동이 가속이 완료되기까지 제3의 외력 체제 도입이 필요하다는 점도 유의할 점이다.

위에 말한 구조는 대용량의 동력을 요할 때 적용되는 모델이고, 소용량의 동력을 요할 때는 원심력이 발생된다 하더라도 효율을 높이기 위하여 원동기를 두 개로 하는 구조를 채택할 수도 있다.